★ 北京外国语大学一流学科建设科研项目成果

品牌管理和知识产权保护

BRAND MANAGEMENT AND INTELLECTUAL PROPERTY RIGHTS PROTECTION

曹鸿星　杨桂莲◎编著

知识产权出版社
全国百佳图书出版单位

图书在版编目（CIP）数据

品牌管理和知识产权保护/曹鸿星，杨桂莲编著． —北京：知识产权出版社，2019.9
ISBN 978-7-5130-3701-3

Ⅰ.①品… Ⅱ.①曹… ②杨… Ⅲ.①品牌—企业管理—高等学校—教材②知识产权保护—高等学校—教材 Ⅳ.①F273.2②D923.4

中国版本图书馆 CIP 数据核字（2019）第 203983 号

内容提要

塑造品牌是企业成功运营的关键，因此成功的品牌管理和保护也是企业人才必须具备的知识和技能。本书紧密结合当前商业实践，一方面，阐述了品牌管理的基础知识、管理方法和技术；另一方面，涵盖了知识产权保护的各个领域。目的在于提高学生的品牌管理和知识产权保护的能力。

策划编辑：蔡　虹	
责任编辑：张利萍	责任校对：谷　洋
封面设计：邵建文　马倬麟	责任印制：孙婷婷

品牌管理和知识产权保护
曹鸿星　杨桂莲　编著

出版发行：	知识产权出版社有限责任公司	网　　址：	http://www.ipph.cn
社　　址：	北京市海淀区气象路 50 号院	邮　　编：	100081
责编电话：	010-82000860 转 8387	责编邮箱：	65109211@qq.com
发行电话：	010-82000860 转 8101/8102	发行传真：	010-82000893/82005070/82000270
印　　刷：	北京建宏印刷有限公司	经　　销：	各大网上书店、新华书店及相关专业书店
开　　本：	720mm×1000mm　1/16	印　　张：	15
版　　次：	2019 年 9 月第 1 版	印　　次：	2019 年 9 月第 1 次印刷
字　　数：	216 千字	定　　价：	59.00 元
ISBN 978-7-5130-3701-3			

出版权专有　侵权必究

如有印装质量问题，本社负责调换。

序　言

　　品牌的重要性已经毋庸置疑，但是，如何创建一个强大的品牌仍然缺乏具体的指导。品牌管理过程中有很多法律风险，品牌管理越来越和知识产权保护紧密联系在一起。作为经济管理专业的学生，必须同时具备商务法律知识。因此，品牌管理和知识产权保护作为一本教材，不仅具有理论上的价值，也能更好地服务于学生需求和社会需要。

　　品牌管理尚未形成像营销管理那样一致公认的理论体系，品牌管理教材的理论体系大都有自己的逻辑，并没有形成规范和标准。市场上，关于品牌管理和知识产权保护的教材或书籍已是汗牛充栋，丰富多彩。然而，首先，这是两本教材。其次，这些教材或书籍大多内容庞杂，动辄四五十万字，甚至多达八十万字，甚或一百万字以上。这些书不仅包括品牌管理或知识产权保护的核心内容，而且还涉及市场营销、消费行为、企业管理、商法或者经济法等领域。对于只需要掌握核心内容，仅仅有一个学期课时的本科生或研究生而言，这些教材有些过于冗长了。因此，本书提炼出品牌管理和知识产权保护的精华内容，以简明扼要的方式、及时有效的案例、普遍公认的理论和方法为基础来编撰，以帮助学生取得较好的学习效果。

　　本教材主要针对高等院校（综合性大学）的经济管理专业学生，按照一个学期18周，每周两个课时的教学计划来设计，具体包括两个模块：

　　第一个模块是品牌管理，共八章，主要介绍品牌管理最核心、最重要的内容，选自大多数教材都有的内容，但又突出了重点、反映了最新的品牌管理实践。而且，纵观有关品牌管理的书籍，大多数是以欧美国家的世界知名品牌为案例进行分析，缺乏我国本土品牌管理的实践经验总结和探讨。因此，本书植根于我国市场，有意识地选取我国近年来在品牌管理方面具有代表性和取得较好成绩的企业作为案例进行讨论，更加贴合我们塑造本土品牌，从制造大国转变为创造大国的国家战略。

　　第二个模块是知识产权保护，也分为八章，内容涵盖知识产权保护客体最新、最全面的类型，以世界贸易组织（WTO）的《与贸易有关的知识产权保护协议》（TRIPS协议）的分类标准为依据，反映知识产权保护领域迄今为止最为前沿的学科发展和实践成果。知识产权保护部分的案例也是有针对性地选取我国市场相关的知识产权保护最新的和具有典型代表意义的案例进行分析讨论，更为客观地反映了我国在知识产权方面取得的卓越成绩，以及我国正在逐步走向知识产权保护强国行列。

教学大纲

教学目的

1. 知识目标

本课程以品牌为核心，涵盖品牌管理和知识产权保护的理论、方法和技术。

2. 能力目标

围绕品牌管理和知识产权保护的内容，指导学生结合企业实际，应用所学知识，以团队方式进行实践活动，使其具备一定的品牌管理和法务管理的水平和能力。

3. 素质目标

学会团队合作，具备团队合作精神；提高沟通能力和管理水平，树立正确的商业道德和伦理观念。

前期课程

微观经济学、宏观经济学、管理学、市场营销学、财务会计、法律基础等。

教学安排

教学周	教学内容	作业
1	第一章　导论	课后阅读
2	第二章　品牌定位和品牌要素	课后阅读
3	第三章　品牌形象和品牌个性	课堂进行案例讨论
4	第四章　品牌文化和品牌体验	课堂进行案例讨论
5	第五章　品牌管理决策	课堂进行案例讨论
6	第六章　品牌资产	课堂进行案例讨论
7	第七章　品牌国际化	课堂进行案例讨论

续表

教学周	教学内容	作业
8	第八章 品牌保护	课堂进行案例讨论
9	第九章 知识产权概述	课堂进行案例讨论
10	第十章 版权与相关权的保护	课堂进行案例讨论
11	第十一章 商标权的保护	课堂进行案例讨论
12	第十二章 地理标志的保护	课堂进行案例讨论
13	第十三章 专利权与工业品外观设计的保护	课堂进行案例讨论
14	第十四章 计算机软件和集成电路布图设计的保护	课堂进行案例讨论
15	第十五章 商业秘密的保护	课堂进行案例讨论
16	第十六章 知识产权国际保护	课堂进行案例讨论
17	复习和总结	
18	考试	

说明：本教学计划针对经济管理专业本科生的教学要求，按照2学分，18周，36课时来进行安排，可根据授课学生实际情况进行增减。

CONTENTS

目 录

第一部分　品牌管理

第一章　导　论 …………………………………………………… 3
　开篇案例：贵州旅游的品牌建设 ……………………………… 3
　第一节　品牌的发展 …………………………………………… 4
　第二节　品牌的含义 …………………………………………… 7
　　一、品牌的定义 ………………………………………………… 7
　　二、品牌的内涵 ………………………………………………… 7
　第三节　品牌的功能 …………………………………………… 9
　　一、品牌为消费者创造了价值 ………………………………… 9
　　二、品牌为企业创造了价值 …………………………………… 10
　第四节　品牌管理的定义 ……………………………………… 10
　课程项目 …………………………………………………………… 12

第二章　品牌定位和品牌要素 …………………………………… 14
　开篇案例：海尔引领物联网时代 ……………………………… 14
　第一节　品牌定位的含义 ……………………………………… 15
　第二节　品牌定位方法 ………………………………………… 17
　　一、产品利益定位策略 ………………………………………… 18
　　二、情感利益定位策略 ………………………………………… 18
　　三、自我表达利益定位策略 …………………………………… 19
　第三节　品牌要素 ……………………………………………… 20
　　一、品牌名称 …………………………………………………… 20
　　二、品牌标识 …………………………………………………… 21

三、品牌口号 ··· 21
　　四、品牌广告曲 ··· 21
　　五、包装 ·· 22
　　六、网址、微博号、公众号、APP号 ················ 22
 第四节　品牌名称翻译 ·· 22
 课程项目 ·· 27

第三章　品牌形象和品牌个性 ······························ 28
 开篇案例：百雀羚的蜕变 ····································· 28
 第一节　品牌形象的内涵 ······································· 29
 第二节　品牌形象模型 ··· 31
 第三节　品牌形象模型比较 ··································· 38
 第四节　品牌个性 ·· 41
 课程项目 ·· 43

第四章　品牌文化和品牌体验 ······························ 45
 开篇案例："第一夫人"的时装经济 ······················ 45
 第一节　品牌文化 ·· 45
 第二节　品牌文化的塑造 ······································· 47
 第三节　品牌体验 ·· 50
　　一、体验经济和体验营销 ································· 50
　　二、品牌体验 ··· 51
 第四节　品牌体验的塑造 ······································· 53
　　一、在产品中附加体验 ···································· 54
　　二、用服务传递体验 ······································· 54
　　三、通过广告传播体验 ···································· 54
　　四、品牌体验策略 ·· 54
　　五、创造全新的体验业务 ································· 55
 课程项目 ·· 56

第五章　品牌管理决策 ·· 57
 开篇案例：褚橙 ·· 57
 第一节　品牌管理决策 ··· 57

一、有无品牌决策 ·· 57
　　二、品牌使用者决策 ·· 59
第二节　品牌生命周期和品牌发展战略 ························· 60
　　一、品牌生命周期 ·· 60
　　二、品牌发展战略 ·· 60
第三节　品牌管理策略 ·· 62
第四节　品牌管理的组织体系 ······································ 66
课程项目 ··· 68

第六章　品牌资产 ·· 69
开篇案例：2019年全球品牌价值500强 ························· 69
第一节　品牌资产的定义 ·· 70
　　一、财务会计概念模型 ······································· 71
　　二、基于市场的品牌力概念模型 ························· 72
　　三、基于消费者的概念模型 ································ 72
第二节　品牌资产的构成 ·· 73
第三节　品牌资产评估 ·· 75
第四节　品牌资产管理 ·· 77
　　一、建立品牌知名度 ·· 78
　　二、维持品牌忠诚度 ·· 78
　　三、建立品质认知度 ·· 79
　　四、建立品牌联想 ·· 79
　　五、利用品牌资产实施并购 ································ 80
　　六、强化品牌传播 ·· 80
课程项目 ··· 81

第七章　品牌国际化 ·· 82
开篇案例：安踏的品牌国际化 ···································· 82
第一节　品牌国际化的内涵 ·· 82
第二节　品牌国际化的阶段和途径 ······························ 84
第三节　品牌原产地形象 ·· 86
第四节　我国企业品牌国际化 ···································· 87

一、华为模式——以自有品牌和技术攻占国际市场 ………… 88
　　二、格兰仕从贴牌到创牌模式——成本换市场，通过代工
　　　　积累实力逐步走向自有品牌 ……………………………… 89
　　三、海尔海外直接投资模式——先难后易的品牌战略 ……… 90
　　四、联想和吉利的并购模式——以资金换市场，利用国际
　　　　品牌影响力进军海外市场 ………………………………… 90
　　五、TCL模式——海外并购与设厂并举的策略 ……………… 91
　　六、阿里巴巴模式——整合全球资源为我所用 ……………… 91
　课程项目 …………………………………………………………… 93

第八章　品牌保护 ………………………………………………… 94
　开篇案例：阿里巴巴的商标布局 ………………………………… 94
　第一节　品牌保护的内涵 ………………………………………… 95
　第二节　我国品牌保护的现状 …………………………………… 96
　第三节　品牌保护的对策 ………………………………………… 98
　第四节　国际化过程中的品牌保护 …………………………… 102
　课程项目 ………………………………………………………… 106
　参考文献 ………………………………………………………… 106

第二部分　知识产权保护

第九章　知识产权概述 ………………………………………… 111
　开篇案例：抗枯萎病的野生水稻和抗艾滋病的树 …………… 111
　第一节　知识产权的概念和法律特征 ………………………… 112
　　一、知识产权的概念和类型 …………………………………… 112
　　二、知识产权的法律特点 ……………………………………… 114
　　三、知识产权的起源和发展 …………………………………… 115
　第二节　遗传资源和传统知识的保护 ………………………… 116
　　一、遗传资源的界定 …………………………………………… 116
　　二、传统知识的界定 …………………………………………… 117
　　三、传统知识的法律保护 ……………………………………… 118
　第三节　植物新品种的保护 …………………………………… 120

一、植物新品种的界定 ·· 120
　　二、植物品种获得保护的条件 ····································· 120
　　三、植物品种权的权利和期限 ····································· 121
　　四、我国植物新品种保护的范围 ·································· 122
　　五、《国际植物新品种保护公约》 ································· 122
　课程项目 ·· 124

第十章　版权与相关权的保护 ·· 125
　开篇案例：保护金庸作品版权，多地严查盗版案件 ············ 125
　第一节　版权的概念及内容 ·· 125
　　一、版权的概念 ·· 125
　　二、版权的内容 ·· 127
　　三、版权的保护期 ··· 128
　第二节　版权的保护和限制 ·· 129
　　一、版权的保护 ·· 129
　　二、权利的利用 ·· 130
　　三、版权的集体管理 ·· 130
　　四、权利的限制 ·· 131
　第三节　侵权及处理 ··· 133
　　一、侵权责任 ··· 133
　　二、纠纷解决方式 ··· 134
　第四节　相关权及其保护 ··· 135
　　一、相关权的概念 ··· 135
　　二、相关权与版权的区别 ·· 135
　　三、相关权的内容 ··· 135
　　四、相关权的保护 ··· 136
　课程项目 ·· 137

第十一章　商标权的保护 ··· 138
　开篇案例：中国首例声音商标案结案 ······························ 138
　第一节　商标的概念、类型和作用 ··································· 138
　　一、商标的概念 ·· 138

二、商标的类型 ………………………………………………… 139
　　三、商标的作用 ………………………………………………… 141
　第二节　商标权的内容 …………………………………………… 143
　第三节　商标权的保护 …………………………………………… 146
　　一、商标侵权行为 ……………………………………………… 146
　　二、对侵权行为的处理 ………………………………………… 147
　第四节　驰名商标的特殊保护 …………………………………… 147
　课程项目 …………………………………………………………… 150

第十二章　地理标志的保护 ………………………………………… 151
　开篇案例：烟台苹果：地标果儿格外"红" …………………… 151
　第一节　地理标志的概念和特征 ………………………………… 151
　　一、地理标志的由来 …………………………………………… 151
　　二、地理标志的概念 …………………………………………… 152
　　三、地理标志保护的产品类别 ………………………………… 152
　　四、地理标志的基本特征 ……………………………………… 153
　　五、地理标志与相关概念辨析 ………………………………… 154
　第二节　地理标志的保护 ………………………………………… 156
　　一、地理标志的国际保护 ……………………………………… 156
　　二、各国地理标志的保护 ……………………………………… 158
　　三、我国地理标志保护的基本情况 …………………………… 159
　　四、地理标志产品的侵权处理 ………………………………… 162
　课程项目 …………………………………………………………… 163

第十三章　专利权与工业品外观设计的保护 ……………………… 164
　开篇案例：华为三星纷争继续，专利诉讼或成常态 ………… 164
　第一节　专利的概念及客体 ……………………………………… 165
　　一、专利的概念 ………………………………………………… 165
　　二、专利的客体 ………………………………………………… 166
　第二节　专利权 …………………………………………………… 168
　　一、授予专利权的条件 ………………………………………… 168
　　二、专利权的内容 ……………………………………………… 169

第三节　专利权的保护 …………………………………… 172
　　一、专利权的保护范围 ………………………………… 172
　　二、专利侵权与处理 …………………………………… 173
第四节　工业品外观设计 ………………………………… 174
　　一、工业品外观设计的含义 …………………………… 174
　　二、保护的法律 ………………………………………… 174
　　三、保护的内容 ………………………………………… 175
　　四、保护的期限 ………………………………………… 175
　　五、保护的意义 ………………………………………… 175
课程项目 …………………………………………………… 175

第十四章　计算机软件和集成电路布图设计的保护 …… 176
开篇案例：北京查处首起利用盗版加密锁侵犯软件著作权案 …… 176
第一节　计算机软件的界定 ……………………………… 176
　　一、计算机软件的概念和分类 ………………………… 176
　　二、计算机软件著作权 ………………………………… 178
第二节　计算机软件的保护 ……………………………… 180
　　一、保护计算机软件的国内法 ………………………… 181
　　二、计算机软件的国际保护 …………………………… 183
　　三、计算机软件的侵权行为和处理 …………………… 183
第三节　集成电路布图设计的界定 ……………………… 184
　　一、集成电路和集成电路布图设计的概念 …………… 185
　　二、集成电路布图设计专有权的概念和性质 ………… 185
　　三、取得布图设计专有权的条件 ……………………… 186
　　四、布图设计专有权的保护期限 ……………………… 187
　　五、布图设计专有权的权利范围 ……………………… 187
第四节　集成电路布图设计的法律保护 ………………… 188
　　一、保护的客体 ………………………………………… 188
　　二、集成电路布图设计法律保护的必要性 …………… 188
　　三、对布图设计专有权的限制 ………………………… 189
　　四、侵犯布图设计专有权的表现及处理办法 ………… 190

五、集成电路布图设计专有权贸易 ………………………………… 191
　课程项目 ………………………………………………………………… 191

第十五章　商业秘密的保护 ……………………………………………… 192
　开篇案例：男子带走商业秘密，2年后开3家公司跟
　　老东家竞争 …………………………………………………………… 192
　第一节　商业秘密的界定 ……………………………………………… 192
　　一、商业秘密的概念 ………………………………………………… 192
　　二、商业秘密的特点 ………………………………………………… 193
　　三、商业秘密的构成要件 …………………………………………… 193
　　四、技术秘密的权利人 ……………………………………………… 196
　　五、技术秘密存在的原因 …………………………………………… 197
　第二节　商业秘密的法律保护 ………………………………………… 198
　　一、商业秘密在国内的法律保护 …………………………………… 198
　　二、商业秘密在两大法系的法律保护 ……………………………… 200
　　三、商业秘密的国际立法保护 ……………………………………… 201
　课程项目 ………………………………………………………………… 202

第十六章　知识产权国际保护 …………………………………………… 203
　开篇案例：美国337调查案件 ………………………………………… 203
　第一节　保护知识产权的国际公约 …………………………………… 204
　　一、《建立世界知识产权组织公约》 ………………………………… 204
　　二、《保护工业产权巴黎公约》 ……………………………………… 204
　　三、《专利合作条约》 ………………………………………………… 205
　　四、商标国际注册马德里体系 ……………………………………… 206
　　五、《为商标注册目的而使用的商品与服务的
　　　　国际分类协定》 ………………………………………………… 208
　　六、《保护文学艺术作品伯尔尼公约》 ……………………………… 208
　第二节　TRIPS协议 …………………………………………………… 209
　　一、《协议》的目的与宗旨 …………………………………………… 209
　　二、《协议》的基本原则 ……………………………………………… 209
　　三、《协议》的内容 …………………………………………………… 210

四、《协议》的主要特点 …………………………………… 213
　第三节　发达国家知识产权的保护 ……………………………… 215
　　一、美国知识产权的立法体系 ……………………………… 215
　　二、美国知识产权的法律保护体系 ………………………… 216
　　三、美国知识产权的贸易与边境保护 ……………………… 217
　第四节　我国知识产权的保护 …………………………………… 220
　　一、我国的知识产权保护状况 ……………………………… 220
　　二、我国知识产权保护的成果 ……………………………… 222
课程项目 …………………………………………………………… 224
参考文献 …………………………………………………………… 224

第一部分

品牌管理

第一章 导 论

开篇案例：贵州旅游的品牌建设

2005年初春，"多彩贵州"开启征程。在党政推动、市场运作、媒体搭台、旅游文化唱戏的运营思路和机制下，贵州举全省之力踏上了"多彩贵州"旅游文化品牌建设之路。成立专门机构、编制规划、统一管理，一套行云流水的"组合拳"打出，"多彩贵州"一跃成为国内首个实施市场规范化运作的旅游文化品牌。

如今，细数成就，"多彩贵州"以《多彩贵州风》大型民族歌舞诗为起点，成长为具有多彩贵州酒、多彩贵州城、多彩贵州生态旅游、多彩贵州旅游商品"两赛一会"、淘宝多彩贵州旅游馆等多业态聚合的旅游文化品牌，更成为推动贵州经济发展、拉动贵州旅游业兴起的新引擎。统计数据显示，贵州旅游人数和旅游收入连续五年保持高速增长：2011年，全省接待旅游总人数1.7亿人次，实现旅游总收入1429.48亿元；到2014年，全省旅游人数已达3.21亿人次，旅游总收入达到2895.98亿元；2015年前三季度，全省接待游客3.01亿人次，实现旅游总收入2785.32亿元。2014年全省旅游商品综合产值超过500亿元，企业户数超过2400户，直接和间接带动就业近200万人[1]。

思考和讨论：

1. 作为地方，贵州省通过哪些举措成为国内知名的旅游文化品牌？

2. 以你的家乡为例，讨论如何借鉴贵州省的经验帮助你的家乡塑造品牌。

---

[1] "贵州旅游发展品牌建设，多彩贵州品牌风行天下"，2015年12月14日，贵州日报。

第一节　品牌的发展

品牌的存在由来已久,它们是随着最初的商品交换而产生的。在大部分语言中,品牌(商标)一词来源于动词"brandon",意思是"标记"——给牲畜打记号的红色烙铁,以便于识别它们的拥有者。中世纪的行会经过努力,要求手工业者把商标加在他们的产品上,以保护他们自己并使消费者不受劣质产品的损害,这使最早的品牌标记得以诞生;在美术领域,艺术家在他们的作品上附上了标记,品牌也就开始建立起来。对于普通产品,起先是一些简陋的记号以擦不掉的方式标记在产品上以证实它们的出处,其后日益发展成为非常重要的功能——在消费者心中留下"烙印",品牌就是为了在消费者心目中建立独特的印象。

我国的品牌历史,可上溯至北宋时期山东刘家老铺出售缝衣针时包装上的"兔儿为记"。史料记载,这家专门制造"功夫细针"的刘家针铺门口有一尊石兔,因此店家就在包装细针的纸上,用铜版印上"白兔"图案,并刻有"兔儿为记"的字样[1]。

从奢侈品品牌和工业化品牌相互融合的视角,可以将欧洲品牌的演进划分为五个阶段[2]:

欧洲悠久的商业历史和工业革命,使得现代品牌,尤其是奢侈品品牌最早也最多地产生于欧洲。从19世纪30年代至50年代,爱玛仕、路易威登、百达翡丽、卡地亚、欧米茄、天梭、宝诗龙、巴宝莉等知名奢侈品品牌集中产生于法国,少量品牌产生于瑞士。

从19世纪60年代至90年代,欧洲工业化品牌开始频繁出现,诞生了诺基亚、巴斯夫、诺华、爱立信、雀巢、西门子、标致等品牌。

从19世纪90年代至20世纪20年代,欧洲奢侈品品牌和工业化

---

[1] 苏勇.设立"中国品牌日"释放什么信号,2017年5月16日,解放日报。
[2] 王海忠.高级品牌管理[M].北京:清华大学出版社,2014:28-38.

品牌均得到发展，产生了劳力士、香奈儿、普拉达、古奇等一批奢侈品品牌，以及阿尔卡特、雷诺、菲亚特、妮维雅、罗氏等工业化品牌，这些品牌集中诞生于意大利、法国、德国等。

然而，欧洲经历了两次世界大战，20世纪三四十年代是品牌消失的20年，只有联合利华、乐高、德国大众等品牌产生。经过大萧条和战争的欧洲，战后经济恢复缓慢，其工业化生产明显落后于美国，造成欧洲原有工业化优势被削弱。

不过，从20世纪50年代至今，欧洲奢侈品品牌与工业化品牌再次同步发展，相互融合。随着欧盟的成立，市场开放和自由贸易的兴起，产生了大量的全球著名品牌，例如，宜家、达能、阿迪达斯、彪马、斯沃琪、ZARA等。

当欧洲人开始到北美定居时，也带去了品牌化的传统和实践，可以将美国1860年至今的品牌历史划分为六个阶段：1）1860—1914年：美国出现了真正的全国性品牌，其制造商获得了较为丰厚的利润。2）1915—1929年：大众品牌的主导期。此阶段的品牌管理技术日益专业，营销策略也越来越先进。3）1930—1946年：制造商品牌面临挑战。1929年开始的经济大萧条给制造商品牌的发展带来了新的挑战：一方面，零售商品牌开始挤压制造商品牌；另一方面，广告的负面效果引起了越来越多的关注和批评。与此同时，品牌经理制率先在宝洁公司出现，服务商标和集体商标也开始出现。4）1946—1985年：品牌管理标准建立期，这一阶段的突出特点是现代品牌管理的标准和规范得以确立。5）1986—2000年：服务业为品牌管理贡献新知。此时，品牌管理体系在制造业趋于成熟，品牌价值作为重要的无形资产被企业所认可。这一阶段最典型的特质是服务业为推进品牌管理知识做出了最大的贡献。6）2000年以来：互联网成为品牌创建的新平台。

综上，品牌是随着大众市场的发展和市场营销的崛起而发展起来的。欧洲是从19世纪30年代开始的，美国是从19世纪60年代开始的，而我国虽然有悠久的商业历史，但是真正意义上的品牌管理是从20世纪80年代末开始的，大致可以将我国品牌发展的历史分为三个阶段：

首先，1978—1991年，我国的品牌意识开始觉醒与复苏。随着改革开放政策的开始，国外品牌开始进入我国，以可口可乐为标志，为我国带来了现代的经营理念和品牌思想。1984年被称为"中国现代品牌元年"，海尔、华为、联想等都是在这一年成立的。

其次，1993—1999年，全国制造商品牌的发展与起伏。1992年邓小平南方谈话之后，我国加大了经济发展和改革开放的力度，正式确立了市场经济体制，全国性制造商品牌大规模涌现。

最后就是2000年至今，我国品牌开始了国际化的进程，标志性的事件就是联想收购了IBM的笔记本式计算机，以及吉利并购了沃尔沃轿车公司。然而，虽然跨国并购提升了我国品牌的国际关注度，但是我国品牌的影响力还需要大大提升。此外，我国互联网品牌产生于20世纪90年代末，但是在短短十多年的时间里，已经成为整个经济领域的领导品牌。

今天，品牌化的发展相当迅速，以致很少有产品不使用品牌。米、肉、蛋等过去的无牌商品现在也越来越多地在一个大做广告的品牌名称下出售。知名品牌常常历史悠久，它们需要花费很长时间来建立它们的名望并巩固它们的正统性。虽然现代市场营销手段使得在今天能够迅速地创造大品牌，但是代价高昂。因此，一种观点认为：随着一个国家的经济发展，必然要经历消费升级，而消费的持续升级则会导致消费者的习惯越来越趋于理性化，也越来越趋于精神化。例如，我国的消费升级经历了从吃饱穿暖、品牌倾向、态度倾向，到无LOGO化的阶段。我国的消费升级目前整体基本处于品牌倾向—态度倾向的阶段，而更发达的地区正在由态度倾向过渡到无LOGO化阶段，如一线城市的富裕消费者。他们对于日常用品的消费更趋于理性化，代表身份的LOGO已经不是他们的主要追求，而无形的消费，比如学习、教育、精神等则成为他们的新追求。因此，品牌是否仍然会在人们的生活中占据重要的作用，我们拭目以待。

第二节 品牌的含义

一、品牌的定义

美国营销学权威人士 Philip Kotler 和 Gary Armstrong 提出：品牌是一个名称、术语、标记、符号、图案，或者是这些因素的组合，用来识别产品的制造商或销售商。它是卖方做出的不断为买方提供一系列产品特点、利益和服务的承诺。因此，职业营销人员最与众不同的技能便是他们创造、维持、保护并增强品牌的能力。著名品牌研究学者 David Aaker 在《品牌管理法则》中引述："产品是工厂生产出来的东西；品牌才是消费者购买的东西。产品可以被竞争者仿造；品牌却是独一无二的。产品会很快过时；品牌可以长盛不衰。"因此，他提倡的定义是：品牌就是某一类事物中独具特色的那种产品。由此可见，品牌所具备的条件是独特性，即如何通过某种对顾客有利的方式表明自己的特色。

二、品牌的内涵

如果仅从企业的角度来看品牌，品牌只不过是一个名称、术语、标记、符号、图案，或者是这些因素的组合。实际上，从消费者的角度来看，品牌具有六层含义：属性、利益、价值、文化、个性、使用者[1]。本质上，人们可以通过一个品牌辨认出其销售者和制造者。

品牌是一个复杂的符号，当品牌作为客体和其他信息一起传递给消费者时，品牌的六层含义就构成了消费者心目中品牌形象的具体方面。成功的品牌使购买者或使用者获得相关或独特的、最能满足他们需要的价值和附加价值。大量事实研究显示，很多品牌形象模型都以这六层含义为基础。因此，从某种意义上来讲，品牌形象随着品牌的

---

[1] 科特勒. 营销管理：分析、计划、执行和控制[M]. 9版. 梅汝和，等译. 上海：上海人民出版社，1999.

产生而产生，品牌的含义决定了品牌形象的内涵。

品牌有六层含义：1）属性，品牌首先让人们想到某些属性，例如质量上乘。2）利益，属性需要转化为功能性和情感性的利益，例如安全、可靠。3）价值，品牌还体现出制造商的某些价值观念，例如以顾客为核心，注重环保等。4）文化，品牌也代表着某种文化和潮流。5）个性，品牌反映出顾客和制造商的个性。6）使用者，品牌反映出使用者和购买者的类型。品牌的含义会随着时间的流逝而改变，因此，品牌需要不断寻找，重新塑造自己对于消费者的价值和意义。例如，20世纪80年代，耐克曾经是反叛的代表，而到了90年代末，耐克成为被反叛的对象，它曾经让顾客感到的"酷"不再存在，耐克需要重新寻找其品牌对于顾客的意义或者价值。为此，耐克提升品牌体验，增强服务，建立了耐克健身俱乐部，具有相似运动爱好的顾客会在该商店会合，一起进行运动，运动后，大家还可以在商店休息区喝饮料，俱乐部职员会追踪大家的运动表现，给出鼓励或建议。耐克还与 iPod 合作，一起来进行运动监控，重新建立了对顾客的价值和联系。

什么是真正的品牌？它是指顾客或消费者通过购买和使用某种品牌的产品或服务，从精神或功能上获得了某一特定利益的满足，此后在其心目中形成一种与众不同的内在印象和认知的总和。从以下三个根本因素能识别出顾客心目中的真品牌：

第一，人们心目中形象的总和。例如青岛海尔，提到海尔，人们不仅想到海尔冰箱、电视、洗衣机、空调等具体产品，也会想到海尔一流的技术、一流的设计、一流的质量、一流的服务等企业整体形象和行为。

第二，顾客心目中的特殊地位。同仁堂"同修仁德，济世养生"，"炮制虽繁必不敢省人工，品味虽贵必不敢减物力"的训条，成为历代同仁堂人的制药原则。

第三，从功能和情感上获得利益。麦当劳快餐店，它在消费者心目中，不仅仅是一家餐厅，更意味着更多选择和更多欢笑。它秉承"品质、服务、卫生和物有所值"即"Quality, Services, Cleanliness &

Value"。正是这种让顾客在每一次消费中都享受标准质量产品和服务，并且感受到消费的快乐的利益，使得麦当劳的大"M"（即黄金双拱门）深入人心，成为人们熟知的世界品牌之一。

第三节　品牌的功能

一、品牌为消费者创造了价值

（1）品牌能够追溯产品的制造者和销售者，从而降低顾客的购买风险。

品牌是一个合同。它是一个产地和质量的保证。无论购买地点如何、分销形式如何，品牌向消费者保证了一种统一的性能标准，减少了消费者可能要承担的风险。因此，当消费者的牵连程度很高时（例如购买婴儿护理用品），或者当消费者难以事先评估产品性能时（例如某些像高保真音响那样的高科技产品以及更普及的任何服务），品牌的作用就显得尤其重要。

（2）品牌降低了搜寻产品的成本。

品牌通过赋予产品意义使其有别于其他产品。品牌自己特有的易于辨认的拼写成为指导购买行为的方法标识。品牌简化了消费者的识别任务，尤其是重复购买时，有利于顾客忠实于该品牌的产品。

（3）品牌表明了对顾客的承诺，提高了消费者的身价。

顾客对品牌的信任表明，顾客相信这种品牌会有相应的功能表现。品牌声誉是建立在长期的产品性能、促销、定价、服务等基础之上的，代表了对顾客的承诺。只要品牌对产品效用、利益、优势的承诺持续兑现，品牌与顾客之间的契约关系就能不断强化。

对于所谓的社会地位性的购买，如服装、酒、奢侈品等，由品牌产生的附加值是根本性的。品牌提高了消费者的身价。品牌将自己的身份传递到人们的身上。它实施了一个认同和投射的双重过程。某些人在奔驰车中比在宝马车中自我感觉更好。要么因为品牌的价值和消费者的价值一致（认同），要么因为人们追逐品牌以求显示其地位（炫耀）。

二、品牌为企业创造了价值

（1）品牌是企业对产品进行法律保护的载体。

品牌名称及其附属标识属于知识产权，企业作为其法定所有者，拥有受法律保护的权利。因而，品牌通过商标注册，可以用于保护企业产品的独特性能、工艺、包装等，拥有商标权是企业安全投资品牌的前提。

（2）品牌具有商业价值，是企业的宝贵资产。

品牌是一项可以转让的资产（例如出售品牌和品牌许可）。强大的品牌对营销支出，如广告、促销等的效率起着重要的杠杆作用。它是企业拥有的能够赢得分销商又无须过于让利的少数几种手段之一。强大的品牌可以获取溢价。品牌形象涉及企业形象，品牌可以增强员工对企业强烈的归属感。人们对为一个著名并广为接受的品牌工作感到骄傲。一个强大的品牌有助于招聘新人，能够吸引最好的候选人。丧失了信誉的品牌则促使员工离去。强大的品牌对金融往来有重要的影响。因此，某些集团为了使其股票升值而使用它们最著名的品牌作为股票的名称。品牌不仅适用于一切营利性的企业，而且适用于体育、艺术、娱乐等不以盈利为目的的组织，还适用于人、城市（或地区），以及国家。

第四节　品牌管理的定义

品牌管理就是管理者为培育品牌资产而展开的以消费者为中心的规划、传播、提升和评估等一系列战略决策和策略执行活动，它是建立、维护、巩固品牌的全过程。通过品牌管理，可以有效监控品牌与消费者之间的关系，最终形成品牌的竞争优势，使企业行为更忠于品牌核心价值与精神，从而使品牌保持持续竞争力。

品牌管理的理论研究已经取得了非常多的成果，包括独特销售主张理论、品牌生命周期理论、品牌形象理论、品牌定位理论、品牌延伸理论、品牌资产或权益理论等，这些研究成果将品牌管理上升到了公司战略管理的层面，其中代表性的著作是凯文·莱恩·凯勒的《战略品牌管理》，这些研究大多是围绕着品牌塑造和企业经营管理进行的。

菲利普·科特勒和加里·阿姆斯特朗所著的《市场营销原理》认为：主要的品牌管理决策包括品牌化决策、品牌定位决策、品牌名称选择决策、品牌开发决策等。在为个别产品制定营销战略时，企业必定会碰到品牌化决策问题。品牌化是产品战略的一个主要问题。同时，发展有品牌的产品需要做出长期的投资，尤其是在广告、促销和包装方面。这种投资的直接回报就是顾客的忠诚购买行为。品牌定位决策来源于产品定位，是企业营销战略中市场细分、目标市场选择后，制定出来的定位战略的具体体现。品牌名称选择决策强调了品牌名称应当能够注册并得到法律保护。品牌开发决策是考虑如何利用不同品牌的所有权形式来为企业谋求经济利益。

编者比较和总结了不同作者关于品牌管理教材的内容体系，如表1-1所示，可以发现，主流的关于品牌管理的教材基本上都包括品牌基本概念、品牌要素、品牌资产、品牌维护等内容，体现了什么是品牌、如何塑造品牌以及如何管理和维护品牌等逻辑思路。

表1-1 品牌管理相关教材的内容体系

王海忠 高级品牌管理	黄静 品牌营销	李杰 品牌审美与管理	Kevin Lane Keller 战略品牌管理
1. 品牌启动 2. 品牌强化 3. 品牌扩张 4. 品牌维护	1. 从产品到品牌 2. 品牌系统管理 3. 品牌资产管理 4. 品牌营销专题	1. 品牌起源与发展 2. 品牌审美与产品设计 3. 品牌资产 4. 品牌架构与定位 5. 品牌传播 6. 审计与组织 7. 新产品导入与品牌延伸 8. 危机管理	1. 品牌和品牌管理 2. 制定品牌战略 3. 品牌营销活动 4. 评估和诠释品牌绩效 5. 提升和维系品牌资产 6. 展望

与上述四种内容体系不同，本书立足于消费者和企业两个视角，并且结合当前我国品牌管理的热点问题，形成了如表1-2所示的结构体系。

表1-2 本书结构体系

消费者↔品牌↔企业	
品牌形象	品牌定位和品牌要素
品牌个性	品牌管理决策
品牌文化	品牌资产
品牌体验	品牌保护
	品牌国际化

以表1-2中的体系为线索，本书前八章的内容涵盖了导论、品牌定位和品牌要素、品牌形象和品牌个性、品牌文化和品牌体验、品牌管理决策、品牌资产、品牌国际化、品牌保护，希望能够让同学们掌握品牌管理最核心和普遍的知识基础，从而能够培养出品牌管理实践的素质和能力。

课程项目

深圳市大疆创新科技有限公司是汪滔于2006年创立的。2014年，该公司旗下的无人机品牌——大疆创新的不同系列产品，先后被英国《经济学人》杂志评为"全球最具代表性机器人"之一；被美国《时代周刊》评为"十大科技产品"；被美国《纽约时报》评为"2014年杰出高科技产品"。该公司致力于用技术与创新力为世界带来全新视角，公司以"未来无所不能"为主旨理念，在无人机系统、手持影像系统与机器人教育领域成为业内领先品牌，以一流的技术产品重新定义了"中国制造"的创新内涵。十多年间，通过不断革新技术和产品，公司开启了全球"天地一体"影像新时代；在影视、农业、地产、新闻、消防、救援、能源、遥感测绘、野生动物保护等多个领域，重塑了人们的生产和生活方式。从创立至今，公司一直坚守"激极尽志，求真品诚"的企业精神。始终践行全新的文化和价值观，将卓尔不群的产品之道贯穿到每一个细节，展现科技的无限可能[1]。

思考与讨论：

1. 大疆创新为什么能够创立品牌？你有什么感想？
2. 搜集一下，你认为还有哪些国有品牌正在崛起，理由是什么？

---

[1] 大疆官网. 未来无所不能 [EB/OL]. (2019-06-19). https：//www.dji.com/cn/company？site=brandsite&from=footer.

第二章　品牌定位和品牌要素

开篇案例：海尔引领物联网时代

诞生于 1984 年的海尔，是海尔集团家电主品牌。全球设有 29 个制造基地、10 个综合研发中心、19 个海外贸易公司，产品涵盖冰箱冷柜、洗衣机、热水器、空调、电视、厨电、智慧家电和定制产品八大品类。三十余年的成长路上，海尔洞察家庭生活的需求变化，不断将海尔品牌打造成代表时代进步的同龄品牌。

在张瑞敏的带领下，秉持着"以质量创名牌"的品牌理念，经过刻苦努力，1988 年，海尔冰箱获得中国电冰箱史上的第一枚质量金牌。其后，海尔在 20 世纪 90 年代创出中国家电第一品牌；21 世纪伊始，海尔开始积极开拓国际市场，创建国际名牌；2010 年之后，海尔已经成为全球白色家电第一品牌；2017 年，海尔在中国品牌价值 100 强中居首，并进入世界品牌 50 强；2018 年，根据世界品牌实验室（World Brand Lab）《中国 500 最具价值品牌》分析报告，海尔（3502.78 亿元）居第三位。

随着互联网、物联网时代的到来，用户消费需求不断升级，不再满足于单一模板化，而是向个性定制化过渡发展。海尔抓住了这一新的时代变化契机，提出"物联网时代引领者"品牌定位，创新开启智能定制模式。海尔探索、深挖智慧家电领域，以"海尔智慧家庭，定制美好生活"为口号，将人工智能、物联网等智慧科技融入家电产品中，重新定义智慧家庭。根据消费人群和场景的不同，海尔提供多种智慧家庭解决方案，满足消费需求升级之下，用户追求个性定制、品质时尚、智能享受的要求。海尔通过在智慧家电领域的不断探索创新，与用户建立个性化关系，让用户真正参与到产品设计之中，诠释了海尔以用户为中心，致力于技术革新与工业设计、智能科技与生活美学融合共生的全球智慧家电品牌形象。从"家电"到"解决方案"再到"智慧生态"，海尔给用户带来前所未有的智慧家庭生态体验，满足了用户对理想的家的憧憬。海尔，正在智慧生活的道路上，践行成为物联网时代的引领者❶。

思考和讨论：

1. 海尔在各个时期的品牌定位分别是什么？相应的品牌要素有哪些差异？

2. 讨论海尔品牌定位与市场环境之间的关系，总结出经验或者启示。

第一节　品牌定位的含义

品牌定位理论来源于定位理论。定位理论，由美国营销专家艾·里斯（Al Ries）与杰克·特劳特（Jack Trout）于20世纪70年代提出❷。此后，他们又从广告定位论发展出品牌定位论。他们指出，根据哈佛大学心理学博士米勒德研究，顾客心智中最多也只能为每个品类留下7个品牌空间。而特劳特进一步发现，随着竞争的加剧，最终连7个品牌也容纳不下，只能给两个品牌留下心智空间，也就是定位理论中著名的"二元法则"。所以，里斯和特劳特认为，开创并主导一个品类，令你的品牌成为潜在顾客心智中某一品类的代表，是赢得心智之战的关键。你要在预期客户的头脑里给产品定位，确保产品在预期客户头脑里占据一个真正有价值的地位。他们给出了定位的四个步骤：1）分析行业环境；2）寻找区隔概念；3）找到支持点；4）传播与应用。

Kotler 和 Keller（2006）指出，品牌定位是营销战略的核心，是

---

❶ 海尔官网［EB/OL］.（2019-07-21）. https://www.haier.com/cn/about_haier/.

❷ 里斯，特劳特. 定位：有史以来对美国营销影响最大的观念［M］. 北京：机械工业出版社，2015.

指设计公司的产品服务和形象，从而在目标顾客的心目中占据独特的价值地位。品牌定位通过设定营销方案和活动的战略性方向，规定品牌在市场上的"活动"范围。因此，确定品牌定位成为 Keller（2008）战略品牌管理流程"四步曲"中的第一步，其目的是在顾客心目中建立核心品牌联想，与竞争品牌形成差异，建立竞争优势。Keller（2008）提出了进行定位的理论方法，即定位框架（POP/POD）。Keller 指出，在进行品牌定位时，一旦通过辨识目标市场和竞争性质，确定了合适的竞争参照框架，品牌定位的基础本身就可以确定下来。差异点（Points of Difference，POD）联想和共同点（Points of Parity，POP）联想是 Keller 在品牌定位中强调的重点，POD 是消费者感知的与特定品牌相联系的属性和利益，消费者对这些属性和利益具有积极、正面的评价，并且相信竞争品牌无法达到相同的程度；POP 则是那些不一定为该品牌所独有，而实际上可能与其他品牌共享的联想。Keller 从理论层面提出的品牌定位的实战方法，具有很强的操作性[1]。

例如，1828 年，自王老吉凉茶创始人王泽邦开第一家门店起，人们一直冠名王老吉为凉茶的始祖。2002 年开始，加多宝集团开始运用"定位理论"打造王老吉品牌这个百年品牌。一开始的时候，王老吉的定位是"预防上火"，取得了非常好的成绩。定位不是一劳永逸的，实际上随着品类的兴起和品牌的发展，往往需要根据竞争环境变化而进行重新定位，使品牌面对竞争的时候时刻处在最有利的决战地位。王老吉的定位过程也是一个不断调整、不断完善的过程。经过几年发展，当王老吉已经成为中国消费最大的罐装饮料企业的时候，王老吉又被定义为"中国饮料第一罐"。接着王老吉进一步发展，成为主流饮料品牌，又把王老吉定义为"中国最畅销的饮料品牌"，这样王老吉就作为一种时尚、流行的饮料，能够进一步突破地区之间的文化差异，吸引更多消费者[2]。

---

[1] 卢泰宏, 等. 品牌理论里程碑探析 [J]. 外国经济与管理, 2009, 31 (1): 32-42.
[2] 《2011 年在"定位·中国 10 年"高峰论坛上的讲话》, 加多宝公司总裁阳爱星, http://www.trout.com.cn/press/show_71.html, 2015-07.

品牌定位的关键是找到独特的价值。价值既包含功能价值，又包含非功能价值，非功能价值又包括情感价值、体验价值及文化价值等。品牌定位建立在消费者感知的基础上，价值的大小，在很大程度上取决于它与目标消费者生活方式的关联方式和关联程度。品牌定位需要通过具体的品牌要素体现出来，否则，可能会导致品牌定位失败。

第二节 品牌定位方法

品牌定位的4C框架，即消费者洞察（Consumer insights）、公司分析（Company analysis）、竞争者分析（Competitor analysis）、品类决策（Category membership decision）。确立品牌定位首先是要了解消费者内心的真实需求；其次需要了解公司的优劣势，特别是与竞争者相比的优劣势；最后决定将品牌界定为哪一类。在进行分析的时候，可以借助于品牌分析工具，目前运用比较多的是萨尔特曼隐喻诱引技术（ZMET）、品牌定位地图等。

ZMET是一种结合非文字语言（图片）与文字语言（深入访谈）的崭新消费者研究方法，由哈佛商学院的萨尔特曼（Gerald Zaltman）教授于20世纪90年代提出（Zaltman and Coulter, 1994; Zaltman and Coulter, 1995），是一项专利研究技术。ZMET撷取了心理学、认知科学、社会学、符号学、视觉人类学等多种学科的精华，从而形成了其深厚稳固的理论基础。但ZMET这种以图片为媒介，并以人类思考基本单位——"隐喻"为工具的调查方法，则突破了以上限制。

ZMET代表了当今先进的研究成果，萨尔特曼尝试找到一种方法能越过往往不可靠的抽样小组调查，避免不相干因素的干扰，掌握消费者的真正需求。ZMET的工作原理是取得那些消费者不自觉地与某种产品或感觉联系起来的深度隐喻。他要求试验对象画出能代表他们对某件事物的想法和感情的图画，即使他们无法解释为何这样画。ZMET的核心价值在于了解在消费者行为背后的"为什么"，围绕驱动消费行为的关键元素制定出营销策略，从而"构建"消费者的情感意识。

品牌定位图分析法主要用于对市场上各种竞争品牌的定位进行比较分析，品牌定位图的调查范围狭窄，主要限于对竞争者的分析。由于品牌定位图可以准确和直观地指出企业主要竞争品牌的定位布局，所以可以帮助企业迅速找到细分市场上的空隙，从而确立自己的品牌定位。此方法适用于探讨不同品牌的定位。消费者针对事先列出的属性，根据他们对不同品牌的认知来回答。经过统计分析后，可以从消费者的角度，了解不同品牌的定位及各竞争品牌之间定位的区隔。在操作上，一般而言以5点量表让消费者回答他们"同意"或"非常不同意"该品牌拥有某一属性或特质，最终形成品牌定位图，并探讨定位是否独特或是否具有竞争性。品牌定位的调研与分析，主要是为品牌战略服务的，企业具体如何实施品牌定位还需要品牌定位策略。具体品牌定位策略如下：

一、产品利益定位策略

消费者购买产品主要是为了获得产品的使用价值，希望产品具有所期望的功能、效果和效益，因而以强调产品功效为诉求是品牌定位中的常见形式。许多产品具有多重功效，品牌定位时向消费者传达单一功效还是多重功效并没有绝对的定论，但由于消费者能记住的信息是有限的，他们只对某一强烈诉求容易产生较深的印象。因此，向消费者承诺一个功效点的单一诉求更能突出品牌的个性特点从而获得成功的定位。

二、情感利益定位策略

情感利益定位策略是将人类情感中的关怀、牵挂、思念、温暖、怀旧、爱等情感内涵融入品牌，使消费者在购买、使用产品的过程中获得这些情感体验，从而唤起消费者内心深处的认同和共鸣，最终获得对品牌的喜爱和忠诚。如浙江纳爱斯的雕牌洗衣粉，借用社会关注资源，在品牌塑造上大打情感牌，其创造的"下岗片"，就是较成功的情感定位策略,"……妈妈,我能帮您干活啦"的真情流露引起了消费者内心深处的震颤以及强烈的情感共鸣,纳爱斯雕牌就能更加深入人心。还有哈尔滨啤酒"岁月流转,情怀依旧"的品牌内涵让人勾起无限的岁月怀念。

三、自我表达利益定位策略

自我表达利益定位策略通过表现品牌的某种独特形象和内涵,让品牌成为消费者表达个人价值观、审美情趣、自我个性、生活品位、心理期待的一种载体和媒介,使消费者获得一种自我满足和自我陶醉的快乐感觉。

1997 年,美国营销学者 Walker. Chip 首次提出了"品牌核心价值"。他认为品牌核心价值是一个品牌的灵魂,它是品牌资产的主体部分,它让消费者明确清晰地识别并记住品牌的利益点与个性,是驱动消费者认同、喜欢乃至爱上一个品牌的主要力量。一个品牌要区别于竞争品牌,必须拥有独特的核心价值,品牌的核心价值是品牌的 DNA,它是企业欲传达给消费者的一种独特价值主张、一种个性、一种承诺,这种核心价值事实上是指企业为目标消费者所带来的独特利益。

核心价值是品牌的终极追求,是一个品牌营销传播活动的中心,即企业的一切价值活动都要围绕品牌核心价值展开,并丰满和强化品牌核心价值。品牌战略管理的中心工作就是清晰地规划并勾勒出品牌的核心价值,并且在以后的十年、二十年,乃至上百年的品牌建设过程中,始终不渝地坚持这个核心价值。只有在漫长的岁月中以非凡的定力去做到这一点,不被风吹草动所干扰,让品牌的每一次营销活动、每一分广告费都为品牌做加法,起到向消费者传达核心价值或提示消费者联想到核心价值的作用,久而久之,核心价值就会在消费者大脑中烙上深深的烙印,并成为品牌对消费者最具有感染力的内涵。这正是企业品牌定位战略与定位策略所追求的。

第三节　品牌要素

品牌要素是指用以标记和区分品牌的商标设计，主要包括品牌名称、标识、图标、色彩、声望、广告语、广告曲、包装和域名。凯文·凯勒认为：品牌要素的选择应该致力于尽可能多地建立品牌资产。对于单个品牌而言，不一定包含所有的品牌要素，通常而言，品牌名称、品牌标识是必需的，其他品牌要素则根据情况选择。

选择品牌要素有五条标准：1）可记忆性：容易识别和回忆。2）有含义性：要在一定程度上反映产品类别的有关信息。3）可转换性：是指产品种类和地域两个层面，关系到品牌的跨文化传播。4）可适应性：适应时代发展，具有可塑性。5）可保护性：对品牌进行法律保护，实施竞争保护，降低竞争者仿制的可能性。

一、品牌名称

品牌名称是一个基本的要素，因为它往往能简洁地反映出产品的中心内容，使人产生关键的联想，它是构成品牌商品的一个最持久的要素，而且它还通常代表品牌给予企业的价值。过去，品牌名不过是在大脑中的一个词，一个用大写字母拼写的专有名词。但如今，在美国政府注册的品牌名或商标名已接近200万个。为了获得成功，拥有一个好名字是极为管用的。恰当的名字能直接体现出产品的价值，此外，还应使名字听起来悦耳动听。建设品牌就是要在所属品类中将你的产品或企业与其他竞争对手形成区隔，即在你的潜在顾客心智中树立一个品牌形象、一个差异化概念❶。

一个好的品牌名字，至少应该满足以下三个条件：1）简洁明快，易于认读、识别和记忆；2）准确地反映企业及其产品的特色，寓意深远，引人思索与联想；3）符合国家的法律规范，以及消费市场的民族习惯，为消费者所喜闻乐见。

---

❶ 杰克·特劳特. 终结营销混乱 [M]. 北京：机械工业出版社，2009：85-87.

品牌命名不仅要符合以上三条原则,还要从保护的角度,考虑以下防御原则:1)视觉独占,图形专用。包括文字专用、图案专用,要把笔形相近的商标一并注册,如虹雁、红雁。2)听觉独占,发音专用。要把发音相近的名称一并注册,如佳丽、家丽。3)感受独占,含义专用。要把含义相近的名称一并注册,如少女之春、少女之夏、少女之秋、少女之冬等。

品牌名称决策包括以下几种选择:1)个别品牌名称;2)统一品牌名称;3)分类品牌名称;4)公司名称加个别品牌名称。

二、品牌标识

品牌标识是构成品牌视觉的元素,包含文字标识和非文字标识。一个品牌可以包含两者或者其中之一。品牌标识不仅要款式独特,与竞争者相区别,还要简洁明了。品牌标识还要尊重当地消费者偏好以及传统文化。随着环境的变化,品牌标识有时候需要更新,以吸引新的消费者的注意。但是,重新设计的标识可能会引起忠诚消费者的反感,因此更新品牌标识需要做好充分的消费者沟通工作,同时新旧品牌标识之间要有很强的连续性。

三、品牌口号

品牌口号是用来传递有关品牌的描述性或说服性信息的短语,常常出现在广告中,有一些品牌也将口号印刷在包装或产品上。例如,海尔公司的品牌口号是"真诚到永远",强调了公司一贯的品质服务和以顾客为中心的理念。再比如,百事可乐的品牌口号"新一代的选择",在20世纪80年代,成功地从可口可乐手中夺走了很多市场份额。品牌口号要容易识记和区分,要具有独特性和让人容易记忆。

四、品牌广告曲

品牌广告曲是用音乐的形式描述品牌的品牌口号。例如,最为著名的就是英特尔公司的品牌广告曲了,作为芯片的生产企业,购买计算机的消费者大多不太了解英特尔芯片。但是,英特尔公司通过和计算机品牌的广告协议，每次无论是哪一个使用英特尔芯片的计算机品牌进行广告宣传，都必须将英特尔芯片的品牌标识显示出来，同时，最后都会出现"叮叮叮咚"的非常独特的音乐，向消费者宣传：这是使用了英特尔芯片的计算机，处理速度快且质量一流。

五、包装

包装是指设计和制造产品的容器或包裹物。包装不仅起到保护和美观商品的作用，还日益成为重要的促销工具和品牌宣传手段。例如，可口可乐经典的曲线瓶已经成为其产品最为成功的识别要素。再比如，优衣库别出心裁的压缩装羽绒服，一个非常小巧轻便的袋子就将一件能够御寒的羽绒服全部收纳在内，不仅充分体现了该羽绒服的轻便，而且形成了大街上流行的时尚潮流。

六、网址、微博号、公众号、APP 号

互联网和移动网络的发展，使得所有的品牌都需要注册网址、微博号、公众号、APP 号。这些名称的注册同样需要独特、简洁，并且符合消费者的审美和文化偏好。

第四节　品牌名称翻译

品牌名称翻译首先是一个企业的品牌管理问题，属于品牌化决策，即企业的市场营销人员首先要决定是否给其产品规定品牌名称。现在，世界各国的品牌化程度很高，虽然品牌化会使企业增加成本费用，但也可以使企业得到以下好处：1）品牌名称可以方便企业管理；2）注册商标可使产品特色得到法律保护，防止模仿和抄袭；3）品牌名称可以提高品牌忠诚度；4）品牌名称有助于市场细分；5）品牌名称有助于建立良好的品牌形象。

品牌名称翻译是国际营销中非常重要的一个环节。品牌名称翻译，首先需要了解品牌名称在品牌管理中的地位和作用。正如大家所熟知的，品牌表达了消费者对一个产品以及其性能的认知和感受。品

牌管理的核心就是塑造消费者心目中正面的品牌形象，以达到增强品牌竞争力、实现企业营销目标的目的。品牌名称是消费者形成品牌形象的首要线索。所以，有必要对品牌形象的构成要素和形成有一个清晰的了解。品牌名称翻译，对于不同种类的产品，其产生的影响也会存在差异。

1. 产品效用和消费者介入程度对品牌名称翻译的影响

不同产品给消费者带来的效用不同，而消费者介入程度会影响消费者对品牌名称的认知。因此，产品效用程度和消费者介入程度对品牌名称翻译的效果会产生影响。Chow 等 2007 年的研究对此进行了验证，他们根据这两个维度的四种组合进行了实验研究，发现：如果产品的享乐主义程度和消费者介入程度（产品购买过程中）都很低，那么强烈建议进行品牌名称翻译。另一极端情况下，如果产品的享乐主义程度和消费者介入程度都很高，那么强烈不推荐进行翻译。如果产品享乐主义程度高，而消费者介入程度低，仍然不建议进行翻译，因为高享乐主义的调节效应（不主张进行翻译）远大于低介入程度的调节效应（主张进行翻译）。最后，如果产品享乐主义程度低，但消费者介入程度高，应基于其他因素决定是否进行翻译：如是否容易找到恰当的译名，因为低享乐主义主张进行翻译，但高消费者介入程度主张不进行翻译，而这两者其中任何一个的调节效应都不能胜过另一方。他们建议，跨国公司在华营销时，首先应该判断产品的享乐主义程度；其次应该关注消费者介入在产品购买中的作用。

我国也有很多相关研究，选择不同类别的品牌名称翻译进行举例和分析，主要集中在汽车品牌、化妆品品牌、服饰品牌、食品品牌以及成功品牌名称翻译的总结上。例如，在经济全球化背景下，汽车品牌名称的翻译方法以音译为主，这既符合目的语国家语言文化背景，也帮助企业树立了良好的品牌形象。再如服装品牌名称的翻译，主要受到价值观念、风俗习惯、消费心理和道德与审美心理等影响。

2. 消费者背景与文化对品牌名称翻译的影响

西方学者研究了影响品牌名称翻译的因素。从消费者的教育程度来看，Hong F. C. 等（2002）通过实验研究发现：1）译入当地语的品牌并不会比使用源语言及当地语组合的品牌得到更高的评价；2）品牌翻译和教育背景之间存在着显著的相互关系；3）产品的物理质量对消费者评判有着积极显著的影响。调查结果还表明，在实践中，最保险的做法是在产品包装上同时印上原有名称和译名。对于众所周知的品牌而言，最好保留原名加音译变化。他们提出，即使是对普通话教育背景的消费者来说，直译也行不通。而人们常说的西方名称偏好则几乎没有证据可言。

Dong L. C. 等（2001）的研究结论与 Hong F. C. 的研究结论一致。他们指出，美国经理在将品牌名称翻译成中文时，应该考虑：1）文化、政治、历史因素都会影响到消费者对品牌的态度和购买决策；2）品牌经理在选择名称时，应使用既能够体现该产品种类的特点，又能够体现产品功能与利益的译名；3）能体现上述两点的译名能带来良好的品牌形象；对于大学生来说，带有西方光环的译名更有助于激发品牌的良好形象，而对于城市居民和广大农民来说，使用本土风情的译名更合适；4）西化译名对大学生识别度更高，是因为他们容易记住，而对城乡居民来说，归化的译名更容易识别。周剑波等（2005）通过对"California Prune"品牌的英汉"翻译"实例，对品牌翻译中的宏观环境要素和微观环境要素进行了分析，探讨传统翻译理论中的"文化因素"与品牌翻译中的宏观和微观因素的关系；揭示市场调查、品牌定位和品牌翻译的相互依赖关系。可见，品牌翻译必须综合考虑消费者行为、消费者教育程度、产品特性，以及品牌所处环境的影响等。

品牌是特定文化的体现，品牌翻译作为一种跨文化交际行为，不仅涉及品牌的语义层面，更关系到品牌的文化层面。翻译品牌时，要充分考虑目标市场的文化特点，注意文化负载词的跨文化研究以及品牌文化形象的转换策略研究（洪明，2007）。有的学者则指出，不同文化下的品牌名称体现了不同文化内涵，品牌翻译中的文化缺省是因为人们对同一文化意象产生不同的联想。因此，译者应该寻求"最佳关联"、达到"相互明示"，从而使品牌命名的意图与目标消费者的心理需求相符（李伟，2010）。特别是如果忽略中西文化的差异，品牌翻译就无法融入当地文化，因此品牌翻译必须考虑其文化特质。还有学者从文化和品牌的关系出发，得出品牌翻译的要求，即语言简洁明快、形象生动美好、符合消费者心理；而品牌翻译方法可以采取音译、意译、音意结合、创新译法和借用法（唐卫华，2010）。还有一些研究者从美学、视觉文化的角度等文化因素对品牌名称翻译的影响进行了研究，得出了大致相同的结论，认为品牌翻译有五项美学原则：简洁美、音韵美、形象美、意境美、文化美，应追求译名商业性和艺术性的统一。

从我国翻译研究理论而言，严复的"信、达、雅"，即忠于原文、通顺明白、简明优雅的原则被很多学者推崇。西方翻译理论在品牌名称翻译上的应用，主要的理论依据来自交际理论学派，这个学派从信息源、信息、信息接收者、媒体等方面来研究翻译活动，拓宽了原先狭隘的关注领域。他们重视信息交流而非语言对等，其杰出代表是奈达、纽伯特、卡德和维尔斯等人。

面对翻译时是以源语为基准，还是以译入语为基准，Newmark（1988）提出了八种选择，并对其中的语义翻译和交流翻译都持肯定态度。但他是在印欧语系的基础上提出该观点的，英语和法语等欧洲语言差异小，英汉翻译中，语言差异大，所以基本还是采用交流翻译。按照 Newmark 的语篇功能分类理论，翻译时该采取何种方法要依据语篇所要实现的不同功能来定。广告、宣传语要实现的是呼唤功能，品牌名称是以消费者为中心，旨在影响消费者的心理和行为，因此应该采取灵活的翻译方法，甚至有时可以改写。

与 Newmark 语篇功能分类理论紧密相关的，是德国功能派翻译理论家 Vermeer 于 1978 年提出的"目的论"。该理论认为，翻译中的最高法则应该是"目的法则"。也就是说，翻译的目的不同，翻译时所采取的策略、方法也不同。梁娇娇（2010）在目的论指导下，提出了品牌翻译的原则：简明原则、识别原则、显著原则、文化原则和美学原则。了解品牌特点，熟知影响品牌翻译的因素，掌握好品牌翻译原则和品牌翻译策略，对于确保品牌翻译的优异质量大有裨益。归化和异化，就是直译和意译的另一种表述。有的学者指出，归化翻译是为了迎合英语国家文化殖民主义的需求，总是依照译入语的政治、文化、意识形态的标准，对译语文本进行加工，应该打破文化殖民主义和语言霸权主义的归化翻译观，构建基于语言文化平等的异化翻译策略。品牌翻译应该基于文化平等、政治中立、照顾作者原文，同时考虑译入语受众和译者意愿，追求广告效应和市场份额（雷来富，2009）。

尤金·奈达是当代翻译理论之父，他的核心思想就是功能对等（functional equivalence），即原文和译文不是语言形式上的对等，而是语言功能上的对等以及读者心理反应的对等。因此，在翻译时，要考虑读者心理，就不能光看文字，还要看读者的生存环境。这样，文化、社会、心理因素就都包括进来了。很多研究都以奈达功能对等理论为指导，运用各种因素来分析品牌翻译的成败得失。一个成功的译名不仅要达到意义与文化的传播，还应该具有一定的美学特征，能够吸引消费群体，激发消费者的美好想象与购买欲望。

Chan A. K. K. 等（2001）提出了中国品牌营销中四项一般性语言学原则，这一框架包括形态要求、音韵要求以及语义要求。从形态上来说，中文品牌名称最好由两个音节构成，有一个修饰性名词复合结构；从音韵上来说，第二个音节应该是高音调；从语义上来说，品牌名称应积极向上。其他因素，如产品性质、目标消费者以及消费者所在群体的文化，对不同产品形成独特的品牌有着至关重要的作用。

跨国公司进入中国市场，既有名称的国外品牌翻译成中文时，也应当具备以下几个属性：1）应当表明产品的利益和定位；2）应当符合中文的发音和习惯，考虑文化因素，不会产生歧义；3）品牌名称能够带来美好的联想；4）品牌名称可以注册并易于识别。

品牌名称翻译的步骤如下：

第一步，应当考虑目标顾客的教育背景和特定的消费行为；

第二步，明确产品类别和特性；

第三步，确定品牌定位和品牌形象；

第四步，详细说明品牌名称翻译的标准；

第五步，提出品牌名称翻译的备选方案；

第六步，确定最终的品牌名称。

品牌名称翻译方法应该灵活，五种基本翻译方法［音译/保留原名、直译（逐字翻译）、意译、混合译法、创译］都可采用。

课程项目

1. 李宁公司是"体操王子"李宁先生在 1990 年创立的体育用品公司。2004 年 6 月，李宁公司在香港上市，该公司经历了中国民族企业的发展与繁荣，也经历了 2012—2014 年公司连续三年总亏损达 31 亿元的黑暗时期。2010 年，李宁公司启动了品牌重塑计划：对李宁品牌进行换标，同时把消费人群定位为"90 后"，品牌定位为"时尚、酷、全球视野"。由于放弃中老年市场，过量库存积压，加上国内外竞争日益激烈等原因，李宁品牌累计亏损达到了 31 亿元，岌岌可危。然而，李宁重新执掌之后，采取一系列举措，成功实现了重新定位。2018 年，李宁运动时尚潮流产品，在纽约时装周、巴黎时装周以及潮流快闪店陆续亮相，李宁也在品牌形象、话题、销售上获得巨大成功。在这些产品上，"中国李宁"四个大字被印在醒目位置，李宁当年在吊环、鞍马项目上比赛的画面构成了公司新的标志性产品，更成为"国潮"的最新象征❶。

根据以上资料，收集、整理和分析李宁从创立至今的定位战略以及其成败得失。

2. 以小组为单位，分组收集以下相关行业——汽车品牌、化妆品品牌、服装品牌、食品品牌、饮料品牌的品牌名称翻译，总结成功经验和失败案例，并形成规律总结，进行课堂汇报。

---

❶ 正在改变的中国李宁，亿欧网，2019 年 2 月 13 日。

第三章　品牌形象和品牌个性

开篇案例：百雀羚的蜕变

"百雀羚"创立于1931年，是国内屈指可数的历史悠久的著名化妆品厂商。然而，在改革开放之后的几十年内，外资日化开始进军国内市场，它们凭借资本、技术、广告、营销、管理等综合优势，以及精美、时尚的产品外包装蚕食、垄断着我国市场。本土品牌如百雀羚，则由于体制、市场、政策等因素，基本没有一个可以与之抗衡，导致无法与国际品牌竞争，被人有意无意地贴上"老化""疲态"等标签。

2000年，香港凤凰投资公司介入百雀羚，开始对企业进行全方位整改。经历充分的市场调研之后，百雀羚将产品核心概念锁定为"汉方"，并认为这是与洋品牌抗衡的诉求突破点。2006年，百雀羚开始筹建"草本工坊"；2008年起，"百雀羚"对品牌、产品、渠道、传播、推广等方面进行了重新定位：1）提炼出"中国传奇，东方之美"全新品牌理念，这一理念是"越是民族的，越是世界的"这句话的最佳注解；2）对品牌LOGO进行时尚升级设计；3）彻底抛弃多年的流通渠道，把资源大规模向终端倾斜；4）在CCTV及各主要省级卫视全面开展广告营销传播。

2010年10月，"百雀羚"旗舰店在淘宝商城正式开张。2011年后，百雀羚频繁开始网店营销活动，启用莫文蔚代言草本护肤系列，对百雀羚品牌定位起到了关键作用，吸引了80后、90后年轻消费群的关注与购买。此外，百雀羚在电视娱乐营销，花费巨资成为《中国好声音》和《快乐大本营》的广告代理。百雀羚还通过事件营销强化品牌形象。比如坦桑尼亚妇女与发展基金会期间，百雀羚被国家领导人夫人选作国礼赠予外宾,为国货老品牌形象强化带来了正面效果。有数据显示,百雀羚复合增长率已连续三年达35%,远超行业平均水平,成功跃身成为国内护肤品代表品牌。百雀羚的案例说明,因循守旧无法实现老字号的蜕变❶。

思考和讨论:

1. 百雀羚的品牌定位和品牌形象各是什么?
2. 百雀羚的数字营销在其品牌形象塑造中发挥了什么作用?

第一节 品牌形象的内涵

品牌产生的目的是在消费者心目中建立独特的印象。心理学认为,感知(perception)是人们通过感官对刺激物进行选择、组织并解释为有意义的和相关图像的过程。形象是消费者经过一段时间通过处理不同来源信息所形成的一个对有关对象的总体感知。品牌形象是人们对品牌的总体感知❷。品牌形象是消费者依据有关品牌的推断形成的,这种推断基于外部的刺激或想象,是消费者从经验中形成的对产品的信念❸,这是品牌形象的本质。品牌管理的目标就是在消费者心目中塑造正面的品牌形象❹,以达到增强品牌竞争力、实现企业营销目标的目的。

人们对于一件孤立的事物难于形成稳定的记忆,那些稳定的、长期的记忆总是与生活中相关的信息联系在一起,并形成逻辑性或非逻辑性的联系,这就是联想。品牌的联想活动对于消费者的购买决策具有重大的影响。在品牌知识联想网络记忆模型的基础上,贝尔把品牌

---

❶ 戴尔蒙西. 百雀羚的"回春"之路 [EB/OL]. (2015-09-03). http://www.managershare.com/post/205734.

❷ Blawatt, Ken. Imagery: An alternative approach to the attribute-image paradigm for shopping centres [J]. Journal of Retailing and Consumer Services, 1995, 2 (2): 83-96.

❸ 阿塞尔. 消费者行为和营销策略 [M]. 6版. 韩德昌,等译. 北京: 机械工业出版社, 2000.

❹ Edmund R Gray, John M, T, Balmer. Managing Corporate Image and Corporate Reputation [J]. Long Range Planning, 1998, 31 (5): 695-702.

形象定义为消费者记忆中关于品牌的所有联想的总和❶。从贝尔的定义可以看出，品牌形象是品牌构成要素在人们心目中的综合反映。例如，品牌名称、产品属性、品牌标志等给人们留下的印象，以及人们对品牌的主观评价。但是，正如人们对刺激的感知是有选择性的，强化消费者信念和经验的信息更有可能被注意和记忆。而且，消费者有可能遗忘或再解释与某个品牌的经验和当前信念相抵触的信息。这些信息会存储在消费者的记忆中，在将来受到某一信息的刺激或在使用时被激活。

总之，品牌联想的形成既有营销活动的结果，也有非营销活动的结果。消费者对品牌形成的联想既可以通过企业掌控的渠道获得，也可以通过非企业掌控的渠道获得。因此，品牌形象是一个综合概念，它是受感知主体的主观感受、感知方式、感知背景影响的。不同的消费者，对品牌形象的认知和评价很可能是不同的。品牌形象塑造是一项长期而艰巨的任务，它不是某一个人或某一个具体行动就可以完成的。它需要按照一定的原则，通过一定的途径，全方位地精心塑造。品牌形象是消费者对品牌的所有联想的集合体，它反映了品牌在消费者记忆中的图景。

品牌形象主要有多维组合性、复杂多样性、相对稳定性，以及可塑性和情境性等特点❷。

多维组合性，是指品牌形象不是由单维或两三个指标构成的，而是由多种特性构成的，并受多种因素的影响。例如，轿车的品牌形象，既包括轿车的质量、安全指标、颜色、产品价格、企业规模等硬性维度，又包括服务态度、企业内涵，以及使用者等软性维度。

复杂多样性，是指由于企业及其产品市场覆盖率的差别、产品信息传播效果的差异，以及消费者的特点不同等，造成消费者对企业和产品的认知、理解，以及使用情况不一样，从而使品牌形象在不同时间、不同地点呈现多样性的特征。

---

❶ Biel, Alexander L. How Brand Image Drives Brand Equity [J]. Journal of Advertising Research, 1993 (6)：RC6 - RC12.

❷ 罗子明. 品牌形象的构成及其测量 [J]. 北京工商大学学报（社会科学版），2001 (7).

相对稳定性，是指品牌形象在一段时期内会保持稳定。符合消费者愿望的企业理念、良好的产品品质、优质的服务等因素，是品牌形象保持稳定的必要条件。由于赢得消费者长期的喜爱，优秀的品牌能够保持其形象长久稳定，例如，可口可乐充满活力的品牌形象，贝尔公司科技创新、不断进步的形象等。

可塑性，是指企业通过努力，可以按照自己的意图建立品牌形象，改造原有品牌形象、增加品牌内涵的新特征，甚至重新塑造品牌形象。例如，20世纪70年代以前，IBM一直是高质量商用设备的代表，80年代初，企业进入了严重的危机时期，顾客的评价是"大""全""笨"，经过改革和品牌形象再造，IBM重新回到了科技先锋、高品质和服务的品牌形象。

情境性，是指在特定的条件下，无论是一些重大的事件，还是一些细微的事件，都可能完全迅速地改变原有的品牌形象。这种特点由品牌形象本身的心理因素所致，虽然建立品牌形象必须具备强有力的客观基础，如长期稳定的企业规模和产品质量，标准化、系统化的服务体系等，但是由于人的心理具有流动性与复杂性等特征，在周围环境与事实的影响之下，会出现相应的心理变化，导致品牌形象随之发生变化。个别消费者的心理发生变化，品牌形象可能会出现轻微的波动，品牌形象保持总体上的稳定；而消费者普遍的心理波动，可能会导致品牌形象的重大变化。

第二节　品牌形象模型

虽然大家对品牌形象的重要性达成了共识，但是品牌形象的构成要素是什么，如何测量品牌形象，一直存在很大的分歧，没有相对统一的认识。即使如此，仍有一些模型涉及或者描述了品牌形象的构成要素及其作用机制。布朗认为这些模型都是精神模型[1]，是有助于人

---

[1] Brown L C. New "mental models" for credentialing and peer review [J]. Health Systems Review, 1994, 27: 37–39.

们理解他们所处的环境和制定决策的设想或一般化陈述。这种精神模型的主要作用为：获取和解释信息❶；过滤和组织信息，以及预测结果❷。这样，就把复杂的品牌形象简化为几个部分，使人们有了共同的"语言"基础，以便于交流和进一步的研究。而且，相对精确的数量模型往往是从精神模型发展而来的。

由于品牌形象的复杂性和情境性等特点，在不同的时间、地点和使用情境下，消费者赋予其不同的含义和内容。许多研究人员也从各自的研究角度提出了不同的品牌形象模型。

1. 艾克（D. A. Aaker）模型

品牌研究的权威学者艾克（1995）认为，品牌形象模型与品牌权益模型密不可分。艾克就是在品牌形象的基础上提出了自己的品牌权益模型，认为品牌权益包括品牌知晓度、品牌忠诚、品牌联想，以及品牌的感知质量和其他专有的品牌资产❸。艾克特别强调，品牌权益的这五个方面具体到某一特定品牌时，并不均衡。

品牌知晓度（Brand Awareness），是指品牌为消费者所知晓的程度。

品牌忠诚（Brand Loyalty），是消费者对品牌偏爱的心理反应。

品牌联想（Brand Association），是指消费者由品牌而产生的印象。通常，品牌会使人们联想到产品特征、消费者构成、消费者利益、竞争对手等，其联想内容因品牌不同而各异。消费者通过对不同品牌产生不同的联想，使品牌间的差异得以显露。

广告宣传等传播品牌的主要目的，首先是使消费者产生联想，其次产生差别化认知和好感，最后产生购买欲望。同时，由于绝大部分联想会想到消费者利益或与此关联，而这又是消费者购买与放弃购买的依据或原由。所以，品牌联想能提供消费者选购的理由。此外，品牌联想的资产价值还表现在它能揭示品牌延伸的依据，能够创造有利

---

❶ Day G S. Continuous learning about markets [J]. Planning Review, 1992, 20: 47–49.

❷ Morecroft J D W. Executive knowledge, models and learning [J]. European Journal of Operational Research, 1992, 59: 9–27.

❸ Aaker David A. Building Strong Brands [M]. New York: Free Press, 1995.

于品牌为消费者所接受的正面态度与感觉。艾克将品牌联想概括为产品特性、国家或地区、竞争者、产品档次、生活方式和个性、名人和人物、使用者和顾客、用途、相对价格、顾客利益、企业能力等多个方面。

品牌的感知质量（Perceived Quality），是指消费者对某一品牌的总体质量感受或品质上的整体印象。品牌的感知质量是企业与消费者长期互动的结果，以品牌标定下的产品实际质量为基础，但并不完全等同。一方面，品牌的品质形象依赖于该品牌标定下的产品功能、特点、可信赖性和耐用性，以及产品外观和销售服务能力等影响因素。因此，如果产品的实际质量较低，或功能、产品的一致性和可信程度低，都会对品牌产生不好的品质感知。另一方面，品牌感知质量并非必然与产品的实际质量不可分割。实践中，同一质量的产品用不同的品牌推出，即使是同一消费者所感受的品质差异也可能非常大。这主要是由于消费者对不同品牌感知的品质形象不同。所以，消费者可以在脱离具体产品属性的条件下，单独对品牌的整体品质做出评价。

其他专有的品牌资产（Other Proprietary Brand Assets），是指那些与品牌密切相关、对品牌竞争优势和增值能力有重大影响、不易准确归类的特殊资产，一般包括专利、专有技术、分销渠道等。

2. 科勒（K. L. Keller）模型

科勒从建立基于消费者的品牌权益的角度把品牌知识（Brand Knowledge）分为品牌知晓度和品牌联想两个部分[1]（参见图3-1）。他认为虽然品牌联想很重要，但品牌形象并不总是消费者记忆中品牌联想对品牌感知的反映。而品牌联想是通过消费者与品牌的长期接触形成的，它反映了消费者对品牌的认知、态度和情感，同时也预示着消费者或潜在消费者未来的行为倾向。品牌联想从总体上体现了品牌形象，决定了品牌在消费者心目中的地位。因此，通过分析品牌联想结构，有助于考察品牌营销的直接效果，揭示出单靠绩效指标和以往

---

[1] Keller, Kevin Lane. Strategic Brand Management [M]. New Jersey: Prentice Hall, 1998.

的行为模型无法得到的信息,对于指导企业的营销战略,特别是品牌战略具有重要价值。

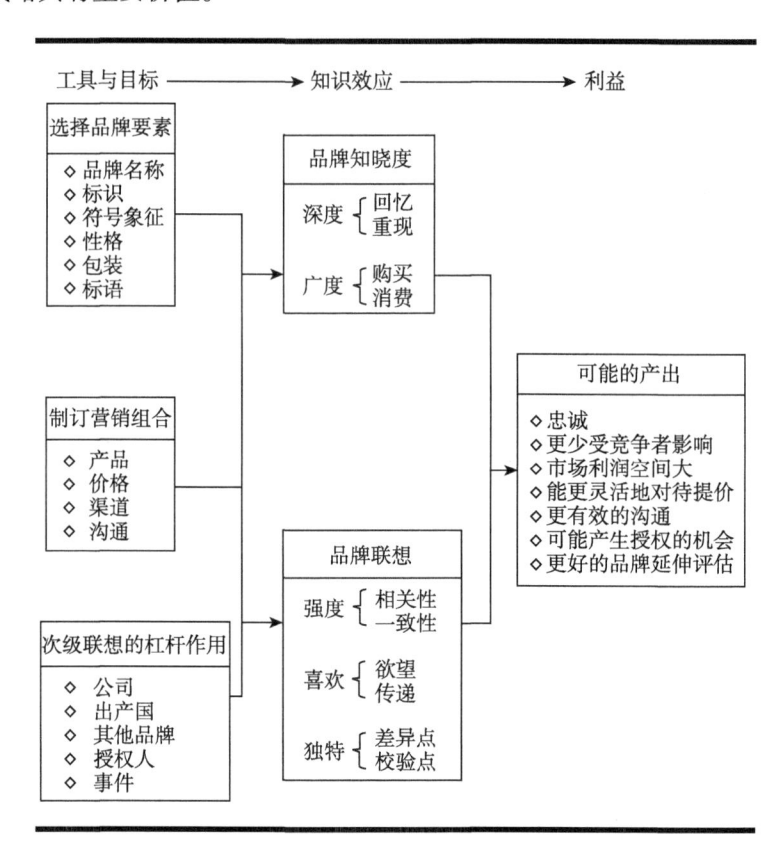

图3-1 柯文·科勒的品牌权益模型

```
工具与目标 ─────→ 知识效应 ─────→ 利益

选择品牌要素
 ◇ 品牌名称
 ◇ 标识              品牌知晓度
 ◇ 符号象征          深度 { 回忆
 ◇ 性格                     重现
 ◇ 包装              广度 { 购买
 ◇ 标语                     消费

                                          可能的产出
制订营销组合                               ◇ 忠诚
 ◇ 产品                                    ◇ 更少受竞争者影响
 ◇ 价格                                    ◇ 市场利润空间大
 ◇ 渠道                                    ◇ 能更灵活地对待提价
 ◇ 沟通                                    ◇ 更有效的沟通
                    品牌联想               ◇ 可能产生授权的机会
                                          ◇ 更好的品牌延伸评估
次级联想的杠杆作用   强度 { 相关性
 ◇ 公司                    一致性
 ◇ 出产国            喜欢 { 欲望
 ◇ 其他品牌                传递
 ◇ 授权人            独特 { 差异点
 ◇ 事件                    校验点
```

科勒指出：包括品牌名称在内的品牌要素在企业营销组合和其他因素的作用下,对消费者形成两个方面的效果：第一是品牌知晓度,是指品牌为消费者所知晓的程度；第二是品牌联想,是指消费者由品牌而产生的印象。通过这两个方面的作用,最终形成企业的营销产出。科勒将品牌联想分为三类：产品特性、利益和态度。产品特性的品牌联想有两大类：与产品有关的特性和与产品无关的特性。与产品有关的特性是指消费者寻求的、完成产品或服务功能所必需的产品要素,具体来讲就是决定产品表现水平和特质的产品物理特征；与产品无关的特性则主要有五类：价格、使用者和使用情境形象、感觉和体验，以及品牌个性。

利益联想是消费者赋予产品或服务特性的个人价值和内涵。利益联想又可分为三类：与功能性利益、象征性利益和体验性利益相关的联想。功能性利益是产品或服务的内在优势，通常与产品有关的特性相关；象征性利益是产品或服务的外在优势，通常与产品无关的特性，尤其使用者形象相关；体验性利益则是消费产品或服务的感觉，与产品的两种特性都相关。而最高水平和最抽象的品牌联想是态度联想，它是消费者对品牌的总体评价。

3. 克里斯南（H. S. Krishnan）模型

心理学家提出联想网络记忆模型，即人们头脑中的记忆是由一些节点（Nod）和链接（Connecting Link）组成的网络，节点代表了存储的概念或信息，链接代表了信息和概念间联系的强度。任何信息都可以存储在这个记忆网络中，包括文字的、视觉的、抽象的和背景的信息。例如，人们通过长期接触企业有关品牌营销的信息，通过直接的消费经验或与他人沟通等途径，在头脑中形成有关品牌信息的记忆网络。在品牌名称的外在刺激下，人们会激发头脑中已有的品牌联想记忆网络。

品牌联想的复杂性决定了考察品牌联想结构需要从多个维度进行。从联想网络记忆理论出发，克里斯南认为应从联想的数量、联想的偏好、联想的独特性和联想的来源四个方面来考察品牌联想[1]。

联想的数量，是指经过长时间的努力，消费者建立了一系列各种品牌的联想。其中，一些联想是品牌特征和品牌利益，另一些则代表消费者的品牌经历（或经验）。随着某品牌联想数量的增加，一方面，由于联想提供了接触品牌的多种途径，所以日益增加的联想数量使消费者更容易触及记忆中的品牌节点（如联想网络模型）；另一方面，由于这些联想相互之间的干扰而使大量的联想指向低层次的品牌记忆。但是，对于成熟品牌（相对于新品牌而言），这种干扰不会很强，

---

[1] Krishnan H S. Characteristics of Memory Associations: A Consumer-Based Brand Equity Perspective [J]. International Journal of Research in Marketing, 1996, 13: 385 – 409.

其原因是成熟品牌已经建立了较高的品牌知晓度。因此，拥有大量的联想对品牌来讲非常重要。

仅仅强调联想的数量可能会产生误导，因为大量的联想中包括积极的和消极的联想。因此，必须评估积极与消极联想的相对数量。联想的偏好，就是说明品牌相对喜好性的共同尺度，它是净的积极认知想法（积极的联想数量减去消极的联想数量）。这样，联想的总数量就被偏好的净值变化所控制。实际上，处于两个极端的品牌有着很多的联想，通过考量这些联想的偏好可以有效实现品牌的差异性定位。

品牌需要与其他品牌共享一些联想以说明自己是该类产品中的一分子，但是，当共享的数量增加时，品牌就日益成为品类的代表而非它自己。因此，品牌的独特联想对品牌在品类中的形象和品牌在消费者心目中的定位有着巨大的影响，它是品牌形象的标志。最理想的状况是既拥有大量的共享联想以正确和快速地归类，同时又拥有一些独特联想，从而从该品类中脱颖而出。

消费者从很多渠道了解产品，并形成联想。主要的来源是品牌的直接经验（试用和使用）和间接经验（广告和口碑）。与间接经验相比，由直接经验而产生的联想可能与个人更相关、更确定，并形成更生动的记忆。因此，联想大部分来源于直接经验的品牌会处于更有利的地位和有更高的资产。对于间接经验而言，进一步的区分在于企业是否能控制来源。从消费者角度来看，他们更相信企业非可控的来源，例如，口碑。因此，在口碑基础上拥有大量联想的品牌不仅受益于免费传播，还得益于不断增长的信任度。这样的联想就成为品牌形象和品牌资产的标志。

4. 贝尔模型

在品牌形象的研究中，贝尔（1992）认为，品牌形象是品牌构成要素在人们心目中的综合反映。例如，品牌名称、产品属性、品牌标志等给人们留下的印象，以及人们对品牌的主观评价。贝尔认为品牌形象通过公司形象、使用者形象和产品/服务自身形象三个子形象得以体现（见图3-2），而描述品牌形象好的起点是消费者对品牌相关特性的联想。这些联想可以分为"硬性"和"软性"两种属性[1]。

所谓"硬性"属性，是对品牌有形的或功能性属性的认知。例如，对于轿车而言，相关的硬性特征就是动力强劲，起动快。这种硬性属性对于品牌而言，是十分重要的因素，如果一个品牌一旦对某种功能属性形成"独占"，别的品牌往往很难再以此属性进行定位，一些市场领导者品牌往往都在某些功能性属性方面取得了垄断地位。但是，硬性属性已不再是形成品牌差异的绝对因素。

而"软性"属性反映品牌的情感利益，例如，野马车很容易使人联想到男性、自由和冒险。这种软性属性现在已成为区分品牌越来越重要的因素。因为，这种情感利益一旦建立，就很难为人所模仿。

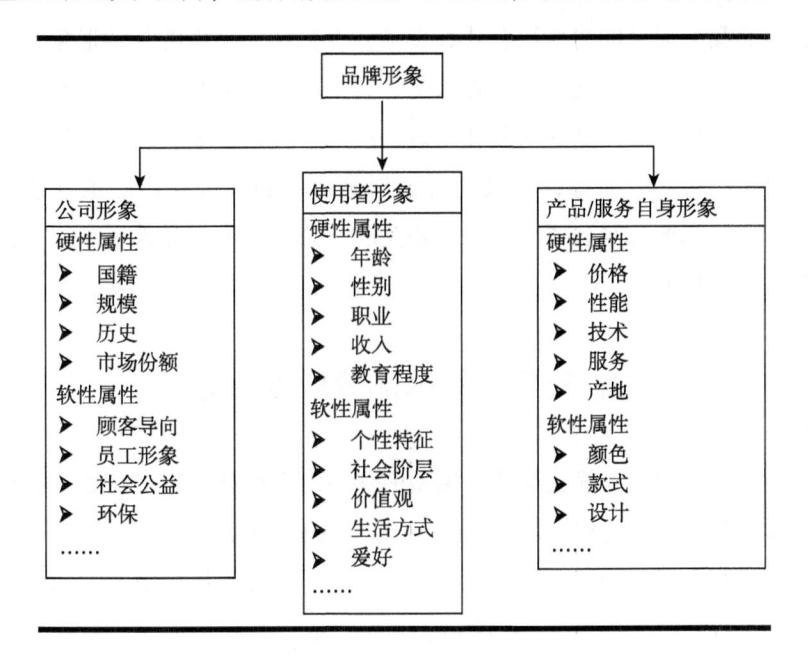

品牌形象		
公司形象	使用者形象	产品/服务自身形象
硬性属性 ➢ 国籍 ➢ 规模 ➢ 历史 ➢ 市场份额 软性属性 ➢ 顾客导向 ➢ 员工形象 ➢ 社会公益 ➢ 环保 ……	硬性属性 ➢ 年龄 ➢ 性别 ➢ 职业 ➢ 收入 ➢ 教育程度 软性属性 ➢ 个性特征 ➢ 社会阶层 ➢ 价值观 ➢ 生活方式 ➢ 爱好 ……	硬性属性 ➢ 价格 ➢ 性能 ➢ 技术 ➢ 服务 ➢ 产地 软性属性 ➢ 颜色 ➢ 款式 ➢ 设计 ……

图 3-2 贝尔模型

消费者将有关公司的各种信息和使用公司产品的经验组织为公司形象，这是品牌形象的重要组成部分，也可以称为组织形象。其构成

---

[1] Biel Alexander L. How Brand Image Drives Brand Equity [J]. Journal of Advertising Research, 1993 (6): RC6 - RC12.

要素主要包括：革新性、历史延续性（如企业的历史、规模、实力等）和社会营销意识，以及给消费者的信赖感。

使用者形象，是指品牌使用者的人口统计特征，这是"硬性"方面的特征。另外还包括使用者的个性、价值观和生活形态等软性方面的特征。

产品/服务形象是与产品/服务本身功能或所带来的利益特征相对应的品牌特性，例如，产品产地、包装，以及其所能满足的需要等特性都构成产品/服务的形象。

这三个不同的子形象对品牌形象的贡献依据不同的产品/品牌会有所不同。例如，万宝路香烟，菲利普莫里斯公司的公司形象几乎对万宝路品牌形象的树立没有什么贡献。在我国，品牌的公司形象非常重要。公司形象让我国消费者感到更有信心，因为我国消费者现阶段仍然相对更关心产品的功能和绩效，所以大公司形象会让消费者感到产品更为可靠。总之，积极的公司形象将加强对公司产品的积极感知。当品牌名称与公司名称密切相关时，公司形象与品牌形象之间的联系尤为重要。

第三节　品牌形象模型比较

模型是现实的简化描述，模型的众多定义都认为得出构成概念的要素至关重要。伦恩（T. Lunn）认为有效模型应满足三个条件：模型能提供概念对行为影响的理解、模型合成了几个不同的概念，以及模型的出现使得交流更为容易[1]。实际上，更为严格的要求是：有效的模型应详细说明一个体系中的关键要素，以及这些要素之间的关系[2]。

艾克模型的出发点是解释品牌权益的构成。因此，品牌形象只是

---

[1] Lunn T. "Consumer modelling", in Worcester R. and Downham J. (Eds), Cosumer Market Research Handbook, Van Nostrand Reinhold Company, 1978, New York, NY.

[2] Zaltman G. "The structure and purpose of marketing models", in Nicosia F. and Wind Y. (Eds), The Use of Theories and Models in Marketing: AN Introduction, Dryden Press, 1977, Hinsdale, IL.

作为品牌权益的一个部分在模型中体现，品牌联想和品牌的品质感知就是品牌形象的内容。虽然这个模型得到了广泛的认可和引用，而且，它表明了品牌形象与品牌权益的关系，但是，艾克模型中的二级要素，即品牌联想和品牌的品质感知两个维度下面包括的要素只是大致提及，没有系统、全面的表述。当然，该模型更没有指出品牌形象构成要素之间的相互关系。

科勒模型是四个模型中最复杂的一个，它其实是阐明品牌顾客权益产生过程的模型。品牌联想是其中发挥核心作用的关键部分，科勒模型不仅描述了品牌联想的维度，而且揭示了这些因素作用的机制。但是，该模型仍然没有对要素之间的关系进行说明。作为应用模型，科勒模型过于复杂，不符合第三个标准。

克里斯南模型符合第二、第三个标准，但却没有满足必要条件。但是，该模型的研究角度与其他三个模型都不相同，使我们从另一个方面加深了对品牌联想的理解。同时，这个模型也有利于进行实证研究。

贝尔模型认为品牌形象由公司形象、产品/服务形象以及使用者形象组成。任何品牌都存在这三种形象。但是，不同种类的产品，这三者的重要程度相差很大。例如，日用消费品是生活必需品，人人都在使用和消费，可能是社会阶层中的任何人，因而其使用者形象不清晰。而某些产品，特别是工业用品，很多消费者很少知道甚至不知道生产产品的公司，因此，公司形象就无从谈起。对于奢侈品或特殊品而言，由于其固有的特点，人们对这三种形象都有一定的认识。而且，特殊品属于形象性品牌[1]，以塑造独特的品牌形象建立竞争优势。因此，运用贝尔模型测量特殊品的品牌形象，对企业广告主题、形象代言人以及促销方式的选择有着直接的指导意义。

与所有模型一样，贝尔模型也存在自身的缺陷，主要表现为没有描述各构成要素之间的相互关系，没有考虑三个要素的相对重要性。

---

[1] Alice M. Tybout and Gregory S. Carpenter, "Creating and Managing Brands", in Iacobucci, Dawn (Eds), Kellogg on Marketing, 2001, John Wiley & Sons, Inc.

但是，贝尔模型虽简单、直观，却比较系统、全面地包括了品牌形象的构成要素，是现有模型中最能满足前述三个标准的模型，只适用于特殊品的品牌形象测量，例如高档服装、轿车、香水以及高档酒精饮料等。因此，从这个意义上来说，贝尔模型是四个模型中最名副其实的品牌形象模型，这反映了品牌形象模型研究的缺乏。

四个模型都没有提到品牌形象各构成要素的权重，也没有揭示它们之间的相互关系，更没有解释各要素如何构成品牌形象的整体。因此，品牌形象模型需要进一步改进。

首先，需要对品牌形象构成要素之间、要素和品牌形象整体之间的作用机制进行研究。其次，应该考虑到中间变量对品牌形象产生的影响。例如，消费者的介入（Consumer Involvement）不仅使消费者对喜爱的品牌和其他品牌之间产生强烈的差异，而且通过加强对某个类别里所有品牌的联想而在产品层次上发生作用。因此，测量消费者对品牌或产品的介入度，把它作为中间变量，将会使模型变得更有效。

更进一步，如果把个性变量、情境因素和动态变化考虑进去，有可能建立一个更有效的品牌形象模型。最后，需要在产品类别的基础上对模型进行扩展。由于不同种类的产品具有不同的特性，品牌形象随着产品种类的不同而不同。在这种情况下，品牌形象的构成要素应该结合产品类别进行测量。

综上所述，我们可以知道现有的品牌形象模型还没有建立关于品牌形象构成要素及其影响因素相对完善的体系。而要创建适宜于我国企业的品牌形象模型，更需要结合我国与西方社会的文化差异、我国的市场结构，以及消费者的实际情况进行进一步的探索和研究。然而，江明华和曹鸿星（2003）研究指出，目前，关于品牌形象构成要素之间、要素和品牌形象整体之间的作用机制还有待于进一步的研究。此外，消费者的介入程度、消费者的个性变量、情境因素和动态变化都会影响品牌形象的构成。此外，由于不同种类的产品具有不同特性，品牌形象随着产品种类的不同而不同。因此，品牌形象的构成要素应该结合产品类别进行测量。

第四节　品牌个性

品牌个性就是一个品牌象征性品质的代表性概念。通过管理者策略性地运用广告代言人、塑造典型的使用者形象等方式，品牌被赋予了类人的个性特征，消费者也将重要的品牌视为生活中的朋友和伙伴。而且，人们通过购买和持有具有某种特征的品牌来实现自我概念的表达。由于品牌个性有助于管理层构建卓有成效的品牌定位，并可以很容易地转化为具体的沟通策略，所以品牌个性是品牌形象和品牌资产的重要组成部分。

Aaker 将品牌个性定义为"一组与品牌相关的类人的特征"。消费者可以通过自己持有的品牌所具有的品牌个性来实现自我表达的功能，表达真实的自我、理想的自我或者是自我的某个重要方面。在品牌个性的概念模型中，Aaker 提出的五维模型影响最为深远，得到学术界和实践界的广泛认同和采用。基于社会心理学领域对人类个性结构的"大五"理论，Aaker 识别出品牌个性的五个关键维度：真诚（Sincerity）、兴奋（Excitement）、胜任（Competence）、高级（Sophistication）和粗犷（Ruggedness）。

1997 年，Jenniffer Aaker 首次提出了基于美国的品牌个性维度及量表，随后，日本和西班牙的品牌个性维度及量表也相继诞生。黄胜兵和卢泰宏针对我国消费者进行了实证研究，发展出了我国的品牌个性维度及量表，并从我国传统文化角度阐释了我国的品牌个性维度——"仁、智、勇、乐、雅"❶。谢毅和彭泗清以三个具有不同涉入水平的行业（汽车、运动服装和电子产品）为研究背景，不仅验证了品牌个性对品牌态度和购买意向具有积极的主效应，而且还发现了品牌个性的各个维度对购买意向的影响效力存在差异。更重要的是，通过在三个行业间进行比较发现，由于不同行业在竞争程度、产品特

---

❶ 黄胜兵，卢泰宏. 品牌个性维度的本土化研究 [J]. 南开管理评论，2003（1）：4-9.

征、价值需求等方面存在差异，品牌个性各维度的重要性在三个行业中并不完全一致[1]。

虽然品牌个性只是人为赋予产品的具有拟人化特点的信息，但这种拟人化能够拉近品牌和消费者的距离，帮助消费者形成对产品的认知和感知：品牌个性会影响消费者对自我个性的判断，并进一步影响品牌形象、品牌态度。反过来，社会期望反应也会对品牌个性和品牌态度关系起到调节作用，消费者的自我、文化等特性也会影响不同消费者对品牌个性的判断。

以江小白为例，2012年，陶石泉创立了江小白品牌。独特的地理环境与气候特征，滋养了重庆悠久的酿酒文化。公元前300多年，"巴乡清"就曾被进贡给秦昭襄王。传承巴渝地区传统精酿高粱酒工艺，"江边酿造，小曲白酒"，江小白以此得名。"小白"原本是菜鸟、新手的意思，现已成为江小白所提倡的一种价值观，寓意追求简单、绿色、环保、低碳生活的都市年轻人。"简单纯粹"既是江小白的口感特征，也是江小白主张的生活态度。江小白提倡年轻人直面情绪，不回避，不惧怕，做自己。"我是江小白，生活很简单"是其品牌理念，坚守"简单包装、精制佳酿"的反奢侈主义产品理念，坚持"简单纯粹，特立独行"的品牌精神，逐渐地，江小白"简单纯粹"的品牌形象演变为具备自传播能力的文化IP，越来越多人愿意借"江小白"来抒发和表达自己，人人都是江小白。在此基础上，江小白不断延伸，将品牌从白酒品牌发展成为一个时尚品牌。

如何塑造品牌个性，首先，需要基于对消费者需求的洞察，确定品牌的核心价值主张。其次，是进行产品的包装设计。包装设计最容易直接凸显品牌个性和产品特色，是无声的推销员，具有刺激消费者购买欲望的无形力量。接着，塑造使用者形象。品牌个性来源于消费者。由于一群具有类似背景的消费者经常使用某一品牌，久而久之，这群消费者共有的个性就被附着在该品牌上，从而形成该品牌稳定的

---

[1] 谢毅，彭泗清. 品牌个性对品牌态度和购买意向的影响研究：中外品牌的跨行业比较 [J]. 管理评论，2012：84－92.

个性。由于象征符号对品牌个性有很强的影响力和驱动力。好的象征物可以赋予品牌以生命，例如，天猫中的"猫"和京东的"狗"，都使得品牌个性鲜明，有利于与消费者对话，进行情感交流。值得注意的是，品牌个性与代言人个性要准确对接，才会产生传播识别的同一性，有效地树立和强化品牌在公众中的独特位置。最后，具有独特个性的企业领导人，会把自己的个性转移到品牌上。作为社会公众人物的领导人更是如此，这是形成品牌个性的一个重要来源。例如，格力集团的总裁董明珠不仅自己担任品牌的代言人，而且还积极地通过自己的各种社交活动，深刻地影响着人们对格力品牌的看法。当然，任何事物都有两面性，创始人作为品牌代言人，如果言行稍有差池，也会对品牌个性带来极大的伤害。

课程项目

2015年8月，随着一系列短视频的陆续发布，一个自称为papi酱的网络红人横空出世。靠几十个短视频，在几个月间，圈粉千万。她的视频在上海话、英语、台湾腔、东北话中随意切换，话题广泛，视频虽短，但在构思和制作方面也具备一定的专业性。papi酱是中戏导演系硕士研究生，具有专业功底，很早就开始接触各种网络平台。2016年3月，papi酱获得来自真格基金、逻辑思维、光源资本和星图资本的1200万元融资，估值3个亿，很多人质疑其是否真值3个亿。4月，papi酱遭广电总局批评，反而助她登上新媒体世界的制高点，在其后的广告处女秀拍卖中拍得2200万元。然而，其网评也从最初的压倒性称赞，在获得融资1200万元的消息后，开始出现负面评价。这几乎是所有"网红"在变现后都会遭遇的困境。一开始的生命力凭借的是信马由缰的自由，而接受监管后如何维持有趣，又能否继续有趣，对papi酱来说都是必须面对的问题。根据《2015年移动视频应用行业报告》的数据，移动视频应用用户规模为8.79亿人次，在移动互联网整体用户中的占比达到77.25%。短视频应用款数虽然仅占移动视频应用的6.1%，却以401.3%的同比增速增长，因此这是一个前景光明的市场❶。

案例分析题：

1. papi 酱为什么能够爆红？分析 papi 酱的受众特征及其未来的商业化机会。

2. 个人品牌形象的塑造有什么规律和特点？

---

❶ papi 酱这种"内涵派"网红们，就是短视频内容时代来临的最好证明 [EB/OL]. http：//news. iresearch. cn/content/2016/02/258428. shtml.

第四章　品牌文化和品牌体验

开篇案例:"第一夫人"的时装经济

2013年3月25日,英国《金融时报》发表了一篇题为《"第一夫人"的时装经济》的评论文章。文章指出,彭丽媛女士身着本土服装品牌亮相公众场合,为本土高端服装品牌带来难得的发展良机,也可能使得中国消费者盲目追求外国奢侈服装品牌成为过去式。利用事件营销,充分发挥明星效应。"丽媛style"之所以让国际媒体大聚焦,不仅因为彭丽媛女士是著名歌唱家,更因为她是"第一夫人",陪同国家主席习近平出访,这本身就是举世瞩目的重大事件。从这一意义上讲,不只是"第一夫人",也包括其他名流,如著名学者、科学家、艺术家、演员、歌星等,在国际场合都有必要穿本土服装,从文化自觉自信的高度为民族品牌代言。这似乎也是国际惯例,有资料显示,2008—2010年的短短三年间,美国"第一夫人"米歇尔·奥巴马曾为其穿过的某服装品牌带来了总计约27亿美元的经济效益,成为美国时装产业幕后最有力的助推人[1]。

思考和讨论:"第一夫人"的着装为何会促进时装经济?有何理论根据和借鉴?

第一节　品牌文化

品牌文化是某一品牌的所有者、购买者、使用者或向往者之间共

---

[1] 丽媛style与品牌文化[EB/OL].(2013-11-20). http://cul.china.com.cn/2013-11/20/content_6473132.htm.

同拥有的、与此品牌相关的独特信念、价值观、仪式、规范和传统。品牌文化是企业赋予品牌并被消费者感知和认同的经营观、价值观、审美观等观念形态及经营行为的总和，品牌文化既是产品文化、企业文化的外在体现，又是企业经营者的意志体现，也是社会文化的反映；品牌文化的塑造是企业、消费者、社会团体及社会文化多方面共同作用的结果。

品牌文化包括四个维度：1）企业文化是品牌文化的根基。2）产品和服务是品牌文化的载体。3）品牌个性、理念和声誉是品牌文化的核心。4）品牌归属意味着消费者与品牌拥有情感上的共鸣，是品牌文化的最终目标。

影响品牌文化的主要因素包括三个方面：1）营销手段：包括广告、促销、渠道等，企业的这些努力是品牌识别的过程，企业通过这些手段影响消费者对品牌文化的建立。2）消费者：包括消费者自己或者群体的价值观，这些价值观影响企业努力的方向，也决定了消费者是否接受某一品牌文化。同时，消费者口碑也影响了品牌文化的建立。3）社会潮流：包括社会风潮和媒体的导向。文化是一个社会概念，而品牌文化也离不开社会环境。社会潮流的变化对品牌文化的建设和调整具有重要影响[1]。

品牌是各种文化的载体。品牌文化是指文化特质在品牌中的沉积，以及它们所代表的利益认知、情感属性、文化传统和个性形象等价值观念的总和。戴维森提出的"品牌的冰山"理论，认为品牌的标识、符号等是品牌浮在水面上的部分，仅占冰山的15%，而冰山藏在水下，85%的部分是品牌的"价值观、智慧和文化"，冰山的冲击力来自庞大的水下部分。我国不少老字号就深深打上了儒家文化的烙印，强调以仁为本、以诚为德、以和为贵、刚健有为、利义兼顾。相应地，"福、禄、庆、昌、祥、利""仁、义、礼、智、信"等词语也就成为我国传统"老字号"命名的词语。如亨得利表示顺利得利，

---

[1] 张红霞，等. 有关品牌文化内涵及影响因素的探索性研究［J］. 南开管理评论，2009，12（4）：11-18.

同仁堂意味着同行仁德者、一视同仁等。同仁堂和云南白药代表着我国中医药文化的博大精深。

很多国际知名品牌名称都来源于希腊、罗马等神话人名，文化特征亦非常明显，Nike（耐克）源于希腊神话中的胜利女神；Mazd（马自达）来自波斯神话的光明之神；Daphne（达芙妮）是古希腊传说中的月桂女神；Ajax（洗涤剂）是古希腊传说中第一攻破城门的勇士，象征洗涤剂的去污能力强大等❶。当代，法拉利是现代赛车文化的标志，爱玛仕代表着法兰西文化的优雅和浪漫，可口可乐和麦当劳是美国文化的象征。

第二节 品牌文化的塑造

文化研究的权威学者霍夫斯坦德提出了文化洋葱模型，认为文化由象征物、英雄、礼仪和核心的价值观组成。文化首先是通过无所不在的象征体系存在于人们脑海中的。因此，首先，通过不同的品牌要素，在消费者心目中形成各种含义和联想。此外，仪式是一套复合的象征性行为，品牌通过某个一系列的仪式让消费者产生特定的想象和理解。例如，奥利奥饼干的广告宣传中，强调美国人在吃奥利奥的时候，总是用"扭一扭，泡一泡，舔一舔"来塑造出吃奥利奥很好玩、很有趣的体验，这让青少年感觉非常具有吸引力。但其实并没有多少美国人真的这么吃。然而，经过长期的宣传和推广，这已经成为品牌的一个独特卖点，形成了品牌特别亲和、健康和童真的文化氛围。因此，塑造品牌文化的途径有创造象征符号、营造仪式化气氛、塑造英雄人物、创建品牌社区、传播品牌传记、建立品牌博物馆。

1. 品牌社区的构建

品牌社区是以某种商品品牌或其某个具体型号产品的用户群体为基础而构建的社区，即建立在使用某一品牌的消费者间的社会关系基础上的、专门化的、非地理意义上的社区。以消费者对品牌的情感利

---

❶ 周鹍鹏. 品牌定位与品牌文化辨析［J］. 山东社会科学，2011：117 – 120.

益为联系纽带，突破了传统社区意义上的地理区域界限。本质上是一种以消费者为中心的关系网，其存在的意义在于为消费者提供与品牌相关的不平常的消费体验。关系网中包含的主要关系有消费者与品牌、消费者与企业、消费者与其所使用的产品以及消费者与其他同类消费者之间的关系。它有三个类似于"传统社区"的基本特征，即共同意识、共同的仪式和传统以及社区责任感[1]。

在品牌社区内，消费者基于对某一品牌的特殊感情，认为这种品牌所宣扬的体验价值、形象价值与他们自身所拥有的人生观、价值观相契合，从而产生心理上的共鸣。在表现形式上，为了强化对品牌的归属感，社区内的消费者会组织起来（自发或由品牌拥有者发起），通过组织内部认可的仪式，形成对品牌标识图腾般的崇拜和忠诚。从品牌社区的产生来看，它是消费社区的一种延伸。品牌社区可以为消费者带来多种体验，派恩和吉尔摩将体验划分为四种，即娱乐、教育、逃避和审美。通过给消费者传递难忘的品牌体验来提高顾客忠诚度正是其目的所在，因此有必要运用体验营销策略来经营品牌社区。

2. 品牌历史和故事

品牌的背后都蕴含着独特的故事，其中融合了创立者、经营者的价值观，企业文化和经营策略。品牌的建设者打造出品牌形象的同时，也赋予了产品以灵魂，由此博取消费者的认同和选择。一个好的品牌故事，不仅要赋予这个品牌性格，同时也是向消费者传达品牌精神的重要工具。好的品牌故事是消费者和品牌之间的"情感"切入点，赋予品牌精神内涵和灵性，使消费者受到感染或冲击，全力激发消费者的潜在购买意识，并使消费者愿意"从一而终"。品牌历史和故事可以从两个方面入手：一个是品类，商品本身一定是有历史和故事的。例如，茶叶品牌可以从茶的品种历史作为切入点，也可以从茶的产品作为切入点；童装可以从父母和孩子关于衣服的一个感人小故事等切入。另一个就是创业故事，可以通过创始人的创业经历，表现出创始人如何通过自己的努力建立了品牌，带给消费者幸福和快乐。

---

[1] 陆雄文. 管理学大辞典［M］. 上海：上海辞书出版社，2013.

无论是历史或是故事，都要遵循真实性的原则，保证情感的真实性。

例如，中草药文化博大精深，其中的本草养颜文化，千年以来中国女子一直将其妙用于美容护肤，其中不少中草药良方被视为宫中美容圣品秘而不传。佰草集秉承"汇集中西、佰草缘起"的宗旨，希望创造出一个能将这些千年养颜古方精髓传递给世界的品牌。于是，佰草集科研人员一边探访草药圣地神农架，潜心考察草药资源；一边远赴欧美，学习尖端护肤科技和制作工艺。1998年，这个品牌应运而生，——神农尝"百草"、汇"集"中西智慧——取之名为：佰草集。2008年，佰草集通过了严苛的欧盟认证，并成功进驻法国香榭丽舍丝芙兰旗舰店，开始在海外主流护肤品市场销售，随后扩张至荷兰、西班牙、意大利、德国等国家。2015年，佰草集首家海外旗舰店于巴黎核心商圈盛大揭幕。

3. 品牌博物馆和旅游

当代表商业的品牌与代表文化的博物馆碰到一起时，不仅可以让人们更多地了解到品牌深厚的沉淀，还能够帮助企业创造出服务的价值，增加旅游相关的收入。正因如此，品牌们开始致力于维护老牌时装屋们的艺术性和历史感，然后以艺术博物馆为载体，将时尚与品牌精神散布，并且更多地关注人文、艺术和慈善，将博物馆的公益价值发挥到极致。而在规划和设计这个传播载体的时候，品牌们大多都选择了有历史、有故事的旧建筑，为品牌的文化沉淀注入更浓厚的底蕴。

例如，泡面如今已是非常普遍的食物，但却不是人人都知道其发明人正是日本日清株式会社的创办者——安藤百福。位于大阪府池田市的"方便面发明纪念馆"是由安藤百福先生在大阪的家改造而成的。博物馆并不大，只有两层，楼上是自制拉面区，楼下是日清时间廊、日清历史介绍、自制杯面区和纪念品售卖区。该纪念馆是为了向世人呈现首创方便面"鸡汤面"的研发过程和后续产品发展一路走来的各种关于方便面的故事，游客们来到纪念馆不仅可以见识方便面半个世纪的发展过程，同时还可以自己动手，挑选不同的汤料和面料做成自己独特风味的方便面❶，形成了独特的文化体验。

施华洛世奇公司建立了世界最大、最著名的水晶博物馆，展示着全球种类最全的水晶石、最华贵的水晶墙、最美丽的水晶艺术品。它位于奥地利因斯布鲁克近郊。这是一座多媒体声光水晶世界，1995年为庆祝施华洛世奇公司成立100周年而建，被誉为光线和音乐、艺术完美结合的"现实中的童话世界"。这样一座由品牌打造的博物馆最终成为奥地利最受欢迎的博物馆之一，博物馆对品牌的背书与塑造之力，可谓强大。

位于上海某大型服装企业园区内的美特斯邦威博物馆，是一个集收藏研究、陈列展览、对外交流和员工教学于一体的服饰文化研究、展教机构，为研究中华服饰文化的专业人士和对中华服饰具有兴趣的广大民众提供较为全面的藏品及资料。同时，也为美特斯邦威步入国际主流服装品牌殿堂注入强劲的文化动力。博物馆里面收藏了大量我国各民族与清朝以及民国服饰，给游客带来很大震撼❷。

相对于一般的博物馆，企业博物馆没有营利的压力与要求。可以更好地展现与体现展品与品牌。打造一个令人难忘、有记忆点的品牌博物馆，不仅是给自己加冕，更展现了一个品牌深厚的思考力和整合力，为品牌文化提供了最佳背书。

第三节 品牌体验

一、体验经济和体验营销

20世纪70年代，阿尔文·托夫勒（Alvin Toffler）在《未来的冲击》中提出了"继服务业发展之后，体验业将成为未来经济发展的支柱"这一观点，预测了体验经济的到来。1998年，美国俄亥俄州战

---

❶ 品牌博物馆. 文创商业的秘密武器［EB/OL］. https：//m-news. artron. net/20170308/n913857. html.

❷ 周龙. 品牌博物馆三两事［EB/OL］.（2018－1－30）.［2019－7－17］. http：//www. ad-cn. net/read/8201. html.

略地平线顾问公司的两位创始人在《哈佛商业评论》中写道"欢迎来到体验式经济时代",提出了体验经济时代的到来。所谓体验经济,是指企业以服务为重心,以商品为素材,为消费者创造出值得回忆的感受。传统经济主要注重产品的功能强大、外形美观、价格优惠,现在趋势则是从生活与情境出发,塑造感官体验及思维认同,以此抓住消费者的注意力,改变消费行为,并为产品找到新的生存价值与空间。

哥伦比亚大学商学院教授伯恩德·H. 施密特(Schmitt)在其《体验营销》❶ 中,运用心理学的模组(modules)概念,将消费者体验形式视为"战略体验模组(SEMs)",包括五项体验形态:感官体验、情感体验、思考体验、行动体验及关联体验。感官体验是由视觉、听觉、嗅觉、味觉及触觉形成知觉刺激,以形成美学的愉悦、兴奋、美丽与满足;情感体验可由正、负面的心情及强烈的感情所构成,而且以接触互动及消费期间的情感最为强烈;思考体验可通过创造惊奇感、诱发及刺激而产生,以吸引消费者注意、引发好奇心及激发刺激感;行动体验可通过创造身体感受行为模式、生活形态及互动关系而形成,消费者可通过行动展现自我观感及价值;关联体验与文化价值、社会角色及群体归属有关,通过创造消费者想要参与的文化或社群,为消费者建立一个独特的社会识别。施密特认为,感官体验、情感体验、思考体验这三种类型都是个人独有的体验,称为"个人体验";而行动体验、关联体验通常是在人际互动时衍生的,因此把它们称为"共享体验"❷。

二、品牌体验

施密特教授认为交流、信誉、产品、品牌、环境、网络和人员构成体验战术工具,每个战术工具的运用都可以和 SEMs 的五个层面进

---

❶ 伯恩德·H. 施密特(Bernd H. Schmitt). 体验营销 [M]. 北京:清华大学出版社,2004.
❷ 吴水龙,等. 品牌体验对品牌忠诚的影响:品牌社区的中介作用 [J]. 商业经济与管理,2009 (7):80-90.

行组合。其中，品牌在表面上是企业产品和服务的标志，代表着一定的质量和功能，深层次上则是人们心理和精神层面诉求的诠释，可以作为一种独特的体验载体。体验营销者将体验这一全新的营销理念运用到品牌中，创造出个性化的、互动的营销方式——品牌体验。

品牌体验是消费者个体对品牌的某些经历（包括经营者在消费者消费过程中以及品牌产品或服务购买前后所做的营销努力）产生回应的个别化感受。也就是说，品牌体验是消费者对品牌的具体经历和感受。当然，"体验"的内涵要远远超出品牌旗帜下的产品和服务。它包含了消费者和品牌或供应商之间的每一次互动——从最初的认识，通过选择、购买、使用，到坚持重复购买。

SEMs为实施品牌体验指明了方向，即按照消费者心理认知过程，从感觉、情感、思维、行动和关系五个层面来提供体验。品牌体验要给消费者全面的感官刺激。如果消费者的视觉、味觉、嗅觉、听觉、触觉不时受到刺激，那么他们的感受将更深刻。比如，面包房烘烤的香气，化妆品柜台展示化妆技术的模特，以及商场里面优美动听的背景音乐等。然后，要使用情感刺激物（活动、催化剂和物体）来影响消费者的情绪和情感。例如，星巴克咖啡店通过优雅的色调、热情的服务、浓浓的咖啡香味，让消费者体验到舒适与温馨。

除了感性体验，还有理性体验。通过启发人们的智力，创造性地让人们获得认识和解决问题的体验。品牌体验还要通过吸引人们主动参与，提高人们的生理体验，展示做事情的不同方法和生活方式。例如，耐克的"JUST DO IT"（无须思考，直接行动）。品牌体验的最终目的就是要使品牌与消费者结成某种关系。要建立关系，必须对消费者有深刻洞察，了解品牌如何与消费者的自我观念和生活方式发生联系。例如，哈雷摩托车主用品牌标志纹身，使其成为其生活的一部分，代表他们追求自由不羁的生活方式。

品牌体验是品牌与消费者之间互动的行为过程，是通过令人耳目一新的品牌标识、鲜明的品牌个性、丰富的品牌联想、充满激情的品牌活动让消费者体验到"快乐""酷""爽"，从而与品牌建立起强有力的关系，达到高度的品牌忠诚。随着物质文明的进步和生活水平的提高，人们对功能利益的需求已经得到大大满足，按照马斯洛的需求层次论，消费者将追求更高层次的满足，"快乐""酷""爽"正是这种需求的表达。品牌能否超越产品功能而给他们带来种种的感官、情结或价值上的满足将变得越来越重要。

以台湾著名餐饮品牌——鼎泰丰为例，在餐饮业，翻台率高达19次，产品价格比普通小笼包贵30倍的鼎泰丰，成功的秘诀就是击中了人们内心最渴望被满足的服务需求。该公司紧紧抓住顾客的心，其员工用眼、耳、手、心精确感应顾客需求并及时提供服务，给顾客带来了不一样的用户体验。鼎泰丰秉持"管理心情比管理业绩更重要"的理念。鼎泰丰第二代掌门人杨纪华说，没有快乐的员工，就没有满意的顾客。员工若心情好，工作效率、创意自然提升，微笑也是发自内心的，营业额就会提升。鼎泰丰要求员工必须掌握的一门技能，就是善于观察客人的一举一动，去猜测客人每个动作的意义，务必做到"想在客人之前"。例如，在鼎泰丰，无论餐厅有多少食客，只要听到客人掉筷子的声音，马上有人主动送上新筷子，名副其实的"筷"递服务。如果你在鼎泰丰，服务员能直接叫出你的姓氏，你的喜好、习惯无须重复赘述，这是鼎泰丰把顾客变成常客的秘密，有赖于一线服务人员经营好顾客关系管理（CRM）熟记客人的习惯、喜好，创造比在家用餐更自在、愉悦的体验价值。

鼎泰丰每到一个国家，都会成为当地权威评价的受欢迎的餐厅，创造出令人惊奇的全球排队现象，鼎泰丰靠的不仅仅是产品的美味，更因为其让客人恋上的"服务心法"。他们这样定义：服务是连接顾客情感的过程，顾客的体验会转为对品牌的记忆，我们必须准备一个心灵舞台，像是表演般的展示，为服务者与被服务者，创造出倍感美好的幸福滋味。正是通过不断超出顾客预期，鼎泰丰一次次地把第一次来的客人变成黏着度高的常客。

第四节　品牌体验的塑造

品牌体验的塑造可以通过以下五个方面来实现：

一、在产品中附加体验

产品不仅需要有好的功能和质量，还要有能满足使用者视觉、触觉、审美等方面的感官质量。现在消费者对产品质量的期望值越来越高，某一个细节的缺陷，便会影响消费者购买和使用者的感知，从而不利于产品的销售，因此，要密切联系消费者和使用者，对产品在附加体验或去除不良体验方面大做文章。

二、用服务传递体验

在服务过程中，企业在完成基本服务的同时，完全可以突出自己所传递的体验。海尔在这方面就做得很好。譬如，海尔的维修人员在服务结束时，会用自带的抹布将门口的地面很细心地擦一遍，即使是根本没有弄脏，这个看似无足轻重的服务细节，却能给消费者带来美好而难忘的体验。

三、通过广告传播体验

由于广告的传播范围广，优秀的体验广告更能吸引目标消费者，达到产品销售的目的。"百年润发"广告巧借中华民族夫妻间青丝白发、百年好合的传统美德，以洗发的浓浓深情，把人带入"青丝秀发，缘系百年"的美好境界。因此，"百年润发"洗发水几乎一夜之间声名鹊起。很多快速消费品的广告宣传中已经融合了体验营销的概念。比如牛排馆不去强调牛排的美味，而是把这种美味形象化，突现"煎牛排时所发出的咝咝声"，从而使消费者感受到一种"快感"或"体验"。

四、品牌体验策略

表面上，品牌是广告或服务的标志；深层次上，品牌则是对人们心理和精神上的表达。在体验营销者看来，品牌就是"消费者对一种产品或服务的总体体验"。创造一种强调体验的品牌形象，消费者就会蜂拥而来。品牌体验策略主要包括两种：

其一是品牌体验馆，品牌体验馆是消费者全面了解一个品牌的绝佳场所，它的形式可以包括品牌旗舰店、品牌制作工艺展示、生产流程展示、产品展示区域以及客户体验区域等。许多知名家具生产企业已经建立了品牌体验馆，不仅提升了消费者对于其品牌的信任感，也大大提升了品牌的影响力。

其二是品牌店面体验，消费者越来越多地将购物环境当作决定购买的一个因素，包括超市、专卖店、百货店、杂货店在内的场所都属于终端销售场所，它们的环境直接影响到消费者的购买行为。通过对店面形象、产品陈列和店铺氛围的设计，给消费者提供一个理想的购物环境，在消费者得到舒适体验的同时，自然而然会促进销售业绩。

五、创造全新的体验业务

体验业务不同于依附在产品或服务之中的体验，它是企业真正要出售的东西，产品或服务只不过是辅助手段。体验业务存在于各大行业中，如影视、艺术、体育、旅游等。我们需要创造出全新的体验业务，以满足人们不断上升的体验需求。企业应密切关注体验消费时代所带来的一些变化，认真研究和把握体验消费的特点和规律，通过恰当的策略和手段满足消费者的体验需求❶。

因此，相应地，在不同品牌体验策略下，品牌体验可以分为五种类型，如表4-1所示。❷

表4-1 品牌体验的类型

体验	品牌体验	品牌类型	具体品牌举例
感官体验	品牌感官体验	感官体验型品牌	Intel、Windows、红牛
情感体验	品牌情感体验	情感体验型品牌	孔府家酒、南方黑芝麻糊、麦斯威尔
成就体验	品牌成就体验	成就体验型品牌	奔驰、劳斯莱斯、劳力士、梦特娇
精神体验	品牌精神体验	精神体验型品牌	Body shop、可口可乐、贝纳通、万宝路
心灵体验	品牌心灵体验	心灵体验型品牌	圣经、西藏、布达拉宫、加沙、金字塔

---

❶ 体验营销的参与和实施［EB/OL］．(2006-5-20)．全球品牌网．
❷ 张红明．品牌体验类别及其营销启示［J］．商业经济与管理，2003(12)：22-24．

根据体验营销的特征以及其适用环境，我们在应用时要注意以下三点[1]：

首先，体验的传播要人性化、情感化、个性化。品牌的主题是体验传播的基础，人性化的品牌主题决定了我们的传播诉求（广告等企业传播行为）要人性化、情感化，以人性的、创制独特的传播诉求，通过使用情感刺激，影响消费者的感情和情绪，以此来触动消费者的内心情感或积淀美好记忆。每个传播诉求都必须支持主题或与主题相一致。

其次，体验传播要持久化、长期化。品牌需要累积，即品牌体验概念传播的累积、美誉度的累积以及忠诚度的累积。历史上成功的品牌都有其独特的声音，并经过持久足量的传播。没有独特的声音，就没有先天培养的基础；没有持久足量的传播，既不足以在消费者脑海中留下明确而深刻的品牌痕迹，形成清晰的认知，也无法及时更新提升品牌的时代内涵。世界上本没有天生的品牌，说得早、说得多、说得好、做得好的最后也就成了品牌。

最后，进行品牌体验式的促销。比如品牌体验主题的创设，只是设置了一个命题，我们要在相当长的一个时间段内，在不同地点，通过不同的形式，进行不同形式的体验促销，演绎、传播品牌独特的体验诱因，吸引更多的人参与体验，实施品牌的体验营销；充实、丰富品牌内涵，活跃品牌。

课程项目

关于中国特色文化品牌的形成，主要涉及三个问题：第一，文化在国际竞争中所起到的重要作用，特别是它的现实意义何在？第二，我国多年来在文化"走出去"过程当中所做的种种努力以及取得的成绩，并分析一下我国文化不能成功"走出去"的理由。第三，如何打造具有中国特色的文化品牌？[2]

---

[1] 周涛. 体验式营销：卖产品还是卖体验［EB/OL］.（2006-10-17）. 全球品牌网.
[2] 刘悦笛. 中国特色文化品牌的形成［EB/OL］.（2016-10-27）.［2019-6-19］. http://theory.people.com.cn/n1/2016/1027/c40537-28813635.html.

第五章　品牌管理决策

开篇案例：褚橙

　　褚橙是指由褚时健栽培于云南的冰糖橙，属甜橙类。其形状为圆形至长圆形，颜色为橙黄色，含有大量维生素 C。褚橙被称为励志橙，而且市场价格比其他橙子要高，导致一些人质疑其价格高的原因。市场上，褚橙是一般脐橙售价的 2~3 倍。然而，褚橙较高的价格并没有阻碍其发展。褚橙在营销上的成功让其不再仅仅是销售食品，而是销售不同人群的解决方案，这或许是企业所需要借鉴、学习的发展趋势。首先，它被人赋予了褚时健大起大落的人生经历；其次，在对产品深入分析理解的同时，定义消费群体，满足个性化的要求，用"让用户参与进来"的方式，建立起自己的营销方案，通过这些过程褚橙走向成功。很多人意识到农产品存在的问题中，其中一个就是标准化、品牌附加值问题。长久以来，所有农产品都是被当作普通田间地头的东西，通过层层的中间渠道再进行销售，并没有变成真正意义上的商品。

　　思考和讨论：

　　1. 查找资料，了解褚橙品牌的创立过程。

　　2. 对于生鲜品类而言，创立品牌的重要性如何？相关的品牌管理有哪些内容？

第一节　品牌管理决策

一、有无品牌决策

　　品牌的第一个决策是是否要给产品加上品牌名称。根据杰克·特劳特的说法：在美国政府注册的品牌名或商标名已接近200万个，因为拥有一个好名字对于成功极为管用❶。在人类社会发展进程中，商品经历了一个从无牌到创牌，然后又进入无牌化的过程。当社会处于高速发展阶段时，消费者的消费行为同样处于迅速进化阶段，我国消费者从改革开放前的低价购买无品牌商品行为，进化到经济高速发展时期的品牌趋向，主要体现为购买名牌，从国产品牌到全球品牌，最终到全球顶级品牌比如奢侈品品牌。

随后，当品牌已经极度丰富之时，收入较高的消费者对大部分商品的态度转变为够用就好，这使得他们理性消费，不再对品牌趋之若鹜，而是转向那些虽然没什么品牌，但已然够用且质量不差的商品。比如日本在进入第四消费时代后，日本人开始不再"炫耀性消费"，因为他们对于拥有物品并没有太大的热情，无LOGO化基本款衣服的热销成为这一点的体现，这也正是优衣库和无印良品如此受欢迎的原因。无印良品在日文中的意思是无品牌标志的好产品。1983年，无印良品在东京青山开设了第一家旗舰店，这是日本结束了高速经济增长、人民消费逐渐走向理性的开始，这也象征着日本人的消费从个性化品牌倾向转向无LOGO化倾向。无印良品的商品上看不到任何LOGO，这与同为快时尚品牌的GAP差别甚大。虽然LOGO低调，但无印良品产品透露出来的风格却是一贯简约、有质感的。无印良品设计顾问原研哉在阐述无印良品产品的理念时用了一句话，"不是非此不可，而是这样就好"，这体现了无印良品的品牌理念，不显示身份，回归理性消费。当然，绝大多数商品都选择了品牌战略，即采用某个品牌作为差异化和定位的工具。但是，正如上面所述，如果未来人们日益关注精神层面的需求，品牌的重要程度也有可能下降，无牌化、理性消费，以及回归产品本质可能是一种未来的发展趋势。

---

❶ 特劳特. 终结营销混乱［M］. 谢伟山，谈云海，陈逸伦，译. 北京：机械工业出版社，2009.

二、品牌使用者决策

在决定对产品使用品牌时,制造商在如何使用品牌方面有好几种选择:产品可能以制造商品牌(或称为全国品牌)推入市场,也可能以分销商品牌(零售商品牌、商店品牌或私人品牌)推入市场,还可能以特许品牌推入市场。

制造商品牌是由生产商创立的,旨在确保顾客购买时将生产商与它们的产品同等看待。如海尔家电、格力空调等都是制造商品牌。制造商品牌长期以来统治着零售业。创立这种品牌的生产商需要参与分销、促销以至定价决策。制造商可以通过促销、质量控制和质量保证等措施提高产品的顾客忠诚度。对于制造商而言,这种品牌是一笔宝贵的财富。制造商要努力刺激产品需求,以激励经销商销售其产品。

零售商品牌是指大型零售企业拥有的且由特定零售渠道所经营的品牌。零售商品牌在国外已有几十年的历史,如今标有零售商品牌的商品在发达国家已经流行,欧美的大型超级市场、连锁店、百货店几乎都出售标有其自有品牌的商品。零售商品牌商品多集中于服装、日用品和食品。

品牌授权又称品牌许可,是指授权者(版权商或代理商)将自己所拥有或代理的商标或品牌等,以合同的形式授予被授权者使用;被授权者按合同规定,从事经营活动(通常是生产、销售某种产品或者提供某种服务),并向授权者支付相应的费用——权利金;同时授权者给予被授权者人员培训、组织设计、经营管理等方面的指导与协助。

企业要建立起拥有较高知名度的品牌,需要长时间的投入但不见得有预期效果。通过品牌授权,制造商付出一定的权利金给授权商之后,便可以使用其品牌,从而利用该品牌知名度来销售自己的商品,这有助于提升商品销售额和利润率。品牌授权使企业大大扩展了经营商品的种类,通过同一品牌授权商品在市场密集渗透,易于造成消费聚集效应。

品牌联合战略是指两个或更多品牌相互联合、相互借势,使品牌本身的各种资源因素达到有效的整合,从而创造双赢的营销局面。联合品牌有许多优点,由于各个品牌在不同类的产品中占有主导地位,联合品牌可以适应更多的消费者,从而创造更大的品牌价值;联合品牌使得公司有可能进入新的市场,并且风险和投资都不大。

第二节　品牌生命周期和品牌发展战略

一、品牌生命周期

产品具有生命周期,品牌也可能因为缺乏创新、维护不善等问题而出现生命周期。然而,两者的区别在于品牌的生命周期具有极大的弹性,品牌可以通过及时、持续的创新而防止品牌老化,保持持久的生命力。品牌生命周期包括品牌法定生命周期和品牌市场生命周期,前者是指品牌按照法定程序注册后,受法律保护的有效使用期,其期限的长短主要取决于企业决策者主观的意志,只要决策者愿意,可以在注册期满后提出申请而得到进一步扩展;后者则是指新品牌从创立到该品牌退出市场的全过程,实质上是市场或消费者对该品牌认知过程的体现,包括导入期、知晓期、成长期、成熟期、衰退期五个阶段[1]。

品牌生命周期源于产品生命周期,但它又可以脱离产品载体而独立存在。另外,品牌只有与产品结合起来才真正具有存在的意义。因此,品牌管理者必须首先建立在合理的产品结构基础之上,去塑造和构建基于顾客的品牌价值,才可能使品牌经久不衰、永葆魅力。

二、品牌发展战略

企业开发品牌时,可以根据已有/新来划分品牌名称和产品类型,从而形成四种不同的品牌发展战略:

(1)产品线延伸:企业使用同样的品牌在已有的产品类别中推出

---

[1] 沈铖,刘晓峰. 品牌管理 [M]. 北京:机械工业出版社,2009.

其他产品项目，例如，宝洁公司在潘婷的产品线下，又推出潘婷滋养、潘婷秀发、潘婷护理等产品项目，虽然这些产品有不同的卖点，但是这些产品的品牌名称都是潘婷。

（2）品牌延伸：把一个现有品牌名称使用到一个新类别的产品上，或在同一类产品中推出若干新的品牌名称的营销行为。品牌延伸是名牌效应的体现，只有含金量高的名牌才有延伸的必要。品牌延伸的正面效应有：1）有利于新产品的试用和接受，减小新产品上市的风险。2）有利于解决品牌运营中企业与消费者信息不对称的矛盾。3）有利于丰富企业名牌下的产品线，给消费者提供多样化的选择。4）有利于降低企业从事新产品推广的各项促销费用。5）有利于品牌资产与价值的提升，树立行业综合品牌，扩大影响。

品牌延伸的负面效应主要有两个：1）由于延伸失败而损害原有品牌的形象，必须充分考虑新产品与已有产品之间的关联度、新产品与已有产品在质量上的差距、新产品与已有产品目标人群的重叠程度，以及消费者的接受度等。2）品牌延伸的产品彼此关联，"一荣俱荣，一损俱损"，任何一个品牌出问题都会殃及其他品牌。

（3）多品牌：在一个产品类别中使用多个品牌的战略，目的在于占领多个市场，可帮助企业获取更高的市场份额，具备更强的谈判能力和竞争优势，有助于建立防御品牌以防止价格战冲击主品牌，但这意味着更高的成本，单个品牌市场份额也较小，并有可能造成公司品牌间的内部竞争。

在相同产品类别中引进多个品牌的策略称为多品牌策略。证券投资者往往同时投资多种股票，一个投资者所持有的所有股票集合就是所谓的证券组合（portfolio），为了减小风险、增加盈利机会，投资者必须不断优化证券组合。同样，一个企业建立品牌组合，实施多品牌战略，往往也是基于同样的考虑，并且这种品牌组合的各个品牌形象之间是既有差别又有联系的，不是大杂烩，组合的概念蕴含着整体大于个别的意义。

多品牌策略虽然有着很多优越性，但同时也存在诸多局限性。

1）随着新品牌的引入，其净市场贡献率将呈一种边际递减的趋势。经济学中的边际效用理论告诉我们，随着消费者对一种商品消费的增加，该商品的边际效用呈递减的趋势。同样，对于一个企业来说，随着品牌的增加，新品牌对企业的边际市场贡献率也将呈递减的趋势。这一方面是由于企业的内部资源有限，支持一个新的品牌有时需要缩减原有品牌的预算费用；另一方面，企业在市场上创立新品牌会由于竞争者的反抗而达不到理想的效果，他们会针对企业的新品牌推出类似的竞争品牌，或加大对现有品牌的营销力度。此外，另一个重要的原因是，随着企业在同一产品线上品牌的增多，各品牌之间不可避免地会侵蚀对方的市场。在总市场难以骤然扩张时，很难想象新品牌所吸引的消费者全部都是竞争对手的顾客，或是从未使用过该产品的人，特别是当产品差异化较小，或是同一产品线上不同品牌定位差别不甚显著时，这种品牌间相互蚕食的现象尤为显著。

2）品牌推广成本较大。企业实施多品牌策略，就意味着不能将有限的资源分配给获利能力强的少数品牌，各个品牌都需要一个长期、巨额的宣传预算。对有些企业来说，这是可望而不可即的。

（4）新品牌：为新产品设计新品牌的策略。当企业在新产品类别中推出一个产品时，它可能发现原有的品牌名称不适合它，或是对新产品来说有更好、更合适的品牌名称，企业需要设计新品牌。企业推出新的产品种类时可能会使用新品牌，原因是已有的品牌没有一个是合适的。

第三节　品牌管理策略

1. 以质量为立足点，树立全面的品牌意识

产品的竞争，品牌的较量，首先是质量的竞争。质量对产品的效能具有直接影响，与顾客价值和满意度密切相关。企业要想在竞争中生存，除了接受质量观念外别无选择；要想在竞争中取胜，除了不断提高产品质量外别无出路；要想建立名牌，必须以高质量产品为基础。

2. 以知名度为基础，注重品牌个性化与差异化

我们已经进入个性化消费时代，消费者更注重的是心理需要，以

心理感受作为衡量消费行为是否合理、商品是否有吸引力的依据，消费时追求个性、情趣；强调商品内在的质的要求，注重商品购买过程中、使用后的服务与信誉，关注商品的时尚性、独特性和安全性；注重消费的文化内涵，注重商品的欣赏价值和艺术价值，追求名牌所蕴含的文化特质，以满足自己的个性化要求。

3. 以文化为根本，打造世界名牌

文化是根植在一定的物质、社会、历史传统基础上形成的特定的价值观念、信仰、思维方式、习俗的综合体。文化具有连续性和稳定性，是环境因素中最深层、变化最慢的，但文化并非一成不变，现代世界的不同文化既在努力保持各自的特色发展自己，又在不断地相互交融和渗透。企业要在竞争中立于不败之地，必须将产品与文化结合起来，了解自己所面对的顾客的文化以及他们的消费行为在多大程度上、哪些方面受到其文化的影响，从而调整自己的产品，使产品形象体现出的文化适合消费者的心理需求，强化自己产品的诉求能力，使消费者产生愉快感、信赖感、可靠感、安全感，形成有特色的品牌文化。

为了实现在消费者心智中建立起个性鲜明的、清晰的品牌联想的战略目标，品牌管理的职责与工作内容主要为：制定以品牌核心价值为中心的品牌识别系统，然后以品牌识别系统统率和整合企业的一切价值活动（展现在消费者面前的是营销传播活动），同时优选高效的品牌化战略与品牌架构，不断地推进品牌资产的增值并且最大限度地合理利用品牌资产。

要高效创建强势大品牌，关键是围绕以下五个步骤做好企业的品牌管理工作：

1. 规划以核心价值为中心的品牌识别系统

进行全面科学的品牌调研与诊断，充分研究市场环境、目标消费群与竞争者，为品牌战略决策提供翔实、准确的信息导向；在品牌调研与诊断的基础上，提炼高度差异化、清晰明确、易感知、有包容性和能触动感染消费者内心世界的品牌核心价值；规划以核心价值为中心的品牌识别系统，基本识别与扩展识别是核心价值的具体化、生动化，使品牌识别与企业营销传播活动的对接具有可操作性；以品牌识别统率企业的营销传播活动，使每一次营销传播活动都演绎传达出品牌的核心价值、品牌的精神与追求，确保企业的每一份营销广告投入都为品牌做加法，都为提升品牌资产做累积。制定品牌建设的目标，即品牌资产提升的目标体系。

2. 优选品牌化战略与品牌架构

品牌战略规划很重要的一项工作是规划科学合理的品牌化战略与品牌架构。在单一产品的格局下，营销传播活动都是围绕提升同一个品牌的资产而进行的，而产品种类增加后，就面临着很多难题：究竟是进行品牌延伸、新产品沿用原有品牌呢，还是采用一个新品牌？若新产品采用新品牌，那么原有品牌与新品牌之间的关系如何协调？企业总品牌与各产品品牌之间的关系又该如何协调？品牌化战略与品牌架构优选战略就是要解决这些问题。

在悟透各种品牌化战略模式的规律，并深入研究企业的财力、企业的规模与发展阶段、产品的特点、消费者心理、竞争格局与品牌推广能力等实际情况的基础上，按成本低又有利于企业获得较好的销售业绩、利润与实现培育强势大品牌的战略目标，优选出科学高效的品牌化战略模式。

3. 进行理性的品牌延伸扩张

创建强势大品牌的最终目的是持续获取较好的销售与利润。由于无形资产的重复利用是不用成本的，只要用科学的态度与高超的智慧来规划品牌延伸战略，就能通过理性的品牌延伸与扩张充分利用品牌资源这一无形资产，实现企业的跨越式发展。因此，品牌战略的重要内容之一就是对品牌延伸的下述各个环节进行科学和前瞻性规划：

提炼具有包容力的品牌核心价值，预埋品牌延伸的管线：抓住时机进行品牌延伸扩张，有效回避品牌延伸的风险延伸产品，强化品牌的核心价值与主要联想并提升品牌资产，在品牌延伸中成功推广新产品。

4. 科学地管理各项品牌资产

创建具有鲜明的核心价值与个性、丰富的品牌联想、高品牌知名度、高溢价能力、高品牌忠诚度和高价值感的强势大品牌，累积丰厚的品牌资产。首先，要完整理解品牌资产的构成，透彻理解品牌资产各项指标如知名度、品质认可度、品牌联想、溢价能力、品牌忠诚度的内涵及相互之间的关系。在此基础上，结合企业的实际，制定品牌建设所要达到的品牌资产目标，使企业的品牌创建工作有一个明确的方向，做到有的放矢并减少不必要的浪费。其次，在品牌宪法的原则下，围绕品牌资产目标，创造性地策划低成本提升品牌资产的营销传播策略。同时，要不断检核品牌资产提升目标的完成情况，调整下一步的品牌资产建设目标与策略。

5. 品牌危机管理[1]

品牌危机是指由组织内外部突发原因造成的、始料不及的，对品牌形象的损害和品牌价值的降低，以及由此导致的组织陷入困境和危险的状态。品牌危机会对企业产生不同程度的负面影响，例如影响企业声誉，损害企业信用；使企业销售额下降，利润减少，经营环境恶化；导致员工士气低落，对管理层产生不利影响等。尽管也有观点认为，危机意味着危险和机遇并存。但是，不管危机怎样有利，与危机造成的不利影响相比，总是危害更大，企业应力求避免危机。

引发品牌危机的因素很多，大多数危机是由于公司在某个领域的忽略或者不经意的失误造成的，如顾客服务中心对于投诉的处理不当等。从根本上来说，危机的产生破坏了品牌和消费者的关系，导致消费者对品牌产生不认同、不信任。具体可以分为组织内因素、组织外因素和不可抗力。品牌危机管理，就是指企业要在品牌塑造、运营、维护中针对品牌可能遇到的危机而建立起来的危机预防、危机处理、危机后处理的管理系统。品牌危机管理的内容也相应地被分为三个层次：品牌危机预防、品牌危机处理和品牌危机后的管理。

首先，企业的品牌危机管理要做到的是防患于未然。通过企业日常主动的预防，防微杜渐，可以更好地促进品牌的发展壮大。具体而言，企业在进行品牌危机预防时应从三个方面着手：1）在企业内部

---

[1] 苏勇，等. 品牌管理 [M]. 北京：机械工业出版社，2017.

树立群体品牌危机感。要在企业内形成品牌建设和维护,人人有责的理念和文化,通过全员的参与、监督和改善,将品牌危机消灭在源头。2)严格监控企业运营的各个环节。品牌危机管理需要科学、系统地从质量控制、服务流程、决策制定等关键环节进行管理,并且采取严格的控制措施,一旦发现问题,及时进行整改和反思。3)在企业内部建立危机预警系统。企业还应该建立信息监测系统,成立品牌危机公关小组,使得企业可以在第一时间掌握市场动态,以及在最快时间做出应对。

品牌危机处理的时候,企业应该秉承快速反应、真诚、积极主动、重视客户利益、统一口径以及全员参与的原则。在进行危机处理时企业应保持冷静,迅速采取措施。这些措施包括:立即成立危机专门小组,全面控制品牌危机蔓延;迅速实施适当的危机处理措施;做好与受害者、媒体、内部员工、上级部门以及其他利益相关者的危机沟通。市场营销的权威菲利普·科特勒认为处理危机的关键是让顾客看见企业真诚和迅速的反应。归纳起来,企业在进行品牌危机处理时应该遵循以下原则:快速反应原则、真诚原则、积极主动原则、重视客户利益原则、统一口径原则、全员参与原则等。

第四节 品牌管理的组织体系

品牌管理的组织体系,是指企业在计划、组织、协调、控制与某一品牌发展相关的各种活动时所做的制度安排。就其实质而言,它反映了品牌管理活动中企业内部各部门、各层次的权利与责任关系。就其发展来看,先后产生过三个主要的品牌管理组织形式(制度),即业主或公司经理负责制、职能管理制、品牌经理制。

1. 业主或公司经理负责制

业主或公司经理负责制,是指品牌的决策活动乃至很多组织活动,全由业主或公司高层领导承担,只有那种低层次的具体活动,才授权下属去执行的一种高度集权的品牌管理制度。业主或公司经理负责制最大的优点是:决策迅速、协调能力强,同时具备企业家精神。

一般适用于产品和品牌种类比较少而且规模不大的企业。对于拥有多个品牌的大、中型企业来说，采用这种管理体制从长远看不利于品牌的发展。

2. 职能管理制

职能管理制，是指在公司统一领导协调下，品牌管理职能主要由公司各职能部门分担，各职能部门在各自的权责范围内行使权利、承担义务的品牌管理制度。职能管理制的主要优点是：由专业管理人员负责对品牌的管理，提高了管理水平。突出的矛盾在于：职能部门间如何有效沟通与协调；公司拥有多个品牌时，尤其是拥有多个相似品牌或产品时，应当由谁对每个品牌的发展负主要责任。

3. 品牌经理制

品牌经理制由宝洁公司首创。其基本原则是：让品牌经理像管理公司一样来管理品牌。品牌经理不仅要关心新产品的开发、生产和销售，还要关心产品和产品线的发展，以期利用品牌知名度获得最大的经济效益。

品牌经理的主要职责是：制订产品开发计划并组织实施；确定产品经营和竞争战略；编制年度营销计划，进行营销预测；与广告代理商和经销代理商一起研究促销方案；激励推销人员和经销商对该品牌产品的支持；不断收集有关该品牌产品的资讯，改进产品，以适应不断变化的市场需求。其他职能部门围绕该系统开展工作。

对于拥有多个品牌的公司，品牌经理制是比较有效的制度，保证了各个品牌之间的协调发展，以及品牌经营、管理的一致性和延续性。但品牌经理制还需要进一步发展、完善，其主要问题是：品牌经理职责的对称，品牌经理制与公司现行管理模式的融合。

4. 战略性品牌管理

部门内部可设立战略性品牌管理部门或专员负责企业品牌体系的规划，其主要职责包括：制定品牌管理的战略性文件，规定品牌管理与识别运用的一致性策略方面的最高原则；建立母品牌的核心价值及定位，并使之适应公司文化及发展需要；定义品牌架构与沟通组织的整体关系，并规划整个品牌系统，使公司每一个品牌都有明确的角色；解决品牌延伸、提升等方面的战略性问题；战略性控制品牌检验、品牌资产评估、品牌传播的等。

课程项目

自 2017 年起，国务院办公厅将每年 5 月 10 日设立为"中国品牌日"。在我国，虽然地区或民间举办的各种品牌节庆活动不少，但从国家层面发布文件、正式设立"中国品牌日"，还是具有不一样的重要意义。这无疑释放了一个强烈信号，即在经济转型升级的重要时刻，中央政府开始进一步强调品牌创建的重要性。这也意味着，有关中国品牌建设的任务将被提到新时期的重要议事日程上。

2019 年 5 月 10 日，是国务院设立的第三个中国品牌日。以国家力量来推动中国品牌的进步，由此可见国家对品牌崛起的重视。这也体现了中国制造逐渐向中国品牌的传略转移，因为只有品牌才能产生最高的市场价值。作为策应，中央电视台率先启动"国家品牌计划"，一批重量级行业龙头品牌加入，阵势蔚为壮观。

请你们以小组为单位，了解"国家品牌计划"的内容，以某个或某几个品牌为例，讨论从国家层面和企业层面，如何塑造国家品牌。撰写报告，并进行汇报和讨论。

第六章　品牌资产

开篇案例：2019 年全球品牌价值 500 强

英国知名品牌价值咨询公司 Brand Finance 发布了"2019 年全球品牌价值 500 强"榜单，它是通过综合衡量品牌多方面影响力和价值来评判品牌的实际影响力和价值。在这个榜单中，来自中国的品牌一共有 77 家，总价值高达 13074 亿美元。这也是中国品牌首次在该榜单中累计突破 1 万亿美元大关。

在榜单中排名最靠前的是中国工商银行和中国建设银行，分别排名第 8 和第 10 位，华为紧随其后排名第 12 位。在 2019 年全球品牌价值 500 强中，前 10 名分别为亚马逊、苹果、谷歌、微软、三星、AT&T、Facebook、中国工商银行、Verizon、中国建设银行，除了来自中国的两家银行，科技企业占据了半壁江山。

而华为凭借着在智能手机、5G 网络、通信服务等方面的不错表现，以 622.78 亿美元的品牌价值名列第 12 位，2018 年，华为凭借 380.46 亿美元的品牌价值位列榜单第 25 名，而在 2019 年提升 13 位，品牌价值增长 63.7%。按照目前的增长趋势，2020 年华为很可能会杀进全球前十名。Brand Finance 是世界知名的独立品牌价值和战略咨询公司，其每年发布的"全球品牌价值 500 强"是全球唯一被 ISO 认证的榜单。该榜单主要对品牌知名度、用户忠诚度、员工满意度，以及企业声誉等多个指标进行综合考量[1]。

---

[1] 勺子黑科技.2019 年全球品牌价值排行榜排名公布，华为绝对优势成为唯一黑马？[EB/OL]．（2019－11－31）．https：//baijiahao.baidu.com/s? id＝16241880691841668 84&wfr＝spider&for＝pc.

第一节 品牌资产的定义

品牌资产（Brand Equity）这一概念于20世纪80年代由广告公司最早使用，其后便日益引起营销管理人员和学者的广泛兴趣和关注，并引发了对有关品牌资产的定义、测度及运行机制大量的全面系统研究[1]。

品牌资产研究之所以会成为营销实践人员和学者的研究热点，最主要的原因在于两方面：第一，财务方面的需求以及股东的压力要求给品牌赋予价值，而进入20世纪80年代以后频频发生的品牌收购、兼并案，例如，菲利普·莫利斯公司为了进入食品及啤酒行业，收购了著名的卡夫食品以及米勒啤酒，又进一步要求承认品牌资产的存在，并给予品牌资产正确的测评方法；第二，来自各行各业的频繁价格竞争压力，要求企业更加重视品牌资产，建立强势品牌，以谋求长远利益，同时可以避免价格促销对品牌资产造成的负面影响。

美国营销科学研究所（Marketing Science Institute，MSI）给品牌资产的定义是：由消费者、中间商、企业构成的商品流通系统中，影响各环节和各因素的，具有象征意义的集合体，品牌资产给企业带来高销售额和高利润，其影响力也具有长期性。从消费者的角度出发，品牌资产是一种无形资产，它是品牌知名度、品质认知度、品牌联想度、品牌忠诚度以及品牌其他资产等各种要素的集合体。顾客对品牌的认知总和，不仅包括产品和服务的质量、财务状况、顾客忠诚度和满意度及其对品牌的所有崇尚心理，而且还包括消费者、顾客、员工及股东对该品牌的态度。从财务管理的角度来看，品牌资产是将商品或服务冠于品牌后，所产生的额外收益。品牌具有财务价值，一些著名品牌更是价值连城。有的企业，其品牌价值超过有形资产价值数倍。因此，品牌是当今世界开启市场之门的钥匙。品牌及其管理日益

---

[1] 卢泰宏，黄胜兵，罗纪宁. 论品牌资产的定义 [J]. 中山大学学报（社会科学版），2000，40（4）：17-22.

受到企业的高度重视，并且被作为营销管理乃至整个企业管理的一个核心，成为企业建立竞争优势的关键。

品牌作为无形资产，与从品牌获得的收益需要进行对应和联结，当消费发生时，这种联结得以实现。因此，对品牌与收益联结方式的讨论便形成了品牌资产的各种概念模型。品牌资产的定义主要存在着三种概念模型：财务会计概念模型、基于市场的品牌力概念模型以及基于消费者的概念模型。

一、财务会计概念模型

财务会计概念模型主要着眼于对公司品牌提供一个可衡量的价值指标。这种概念模型认为，必须为品牌这种无形资产提供一个财务价值。这种概念模型认为，一个强势品牌是非常有价值的，应该被视为具有巨大价值的可交易资产。英国 Interbrand 执行董事 Paul Stobart 是该概念模型的典型代表，他曾认为："关于品牌的一个重要问题不是如何创建、营销，而是如何使人看到它们的成功以及在财务上的价值。"

这种概念模型的产生背景是：公司必须对股东负责，一家规范的企业必须在一定的时期内向股东报告其所有资产的价值，包括有形资产与无形资产的价值。因此，如果不给每一个品牌赋予货币价值，公司管理人员及公司股东就无法知道其公司的真正总价值，甚至会导致价值的低估，从而对企业造成重大损失。尤其是在收购或兼并行动中，就更需要知道品牌的价值。品牌资产的财务会计模型有许多品牌资产的评估方法，可以分为两大类：一类是狭义的完全财务意义方法；另一类是在财务评估基础上，再考虑使用非财务因素进行调整的更为广义的财务评估方法。现在全世界比较著名的品牌评估机构 Interbrand 和 Financial World 的品牌资产评估方法都是建立在财务会计概念模型基础上的。

品牌资产的财务会计概念模型主要可用于以下目的：1）向企业的投资者或股东提交财务报告，说明企业经营绩效。2）便于企业资金募集。3）帮助企业制定并购决策。财务会计概念模型把品牌资产货币价值化，迎合了公司财务人员把品牌作为资本进行运作的需要。

但是，这一概念模型存在着许多不足之处：1）最大不足是过于关心股东的利益，集中于短期利益，很可能导致公司短期利益最大化，从而牺牲品牌的长期增长。2）过于简单化和片面化，因为品牌资产的内容十分丰富，绝不是一个简单的财务价值指标所能概括的。3）会计财务概念模型只能提供品牌的一个总体绩效指标，但却没有明确品牌资产的内部运行机制。

二、基于市场的品牌力概念模型

基于市场的品牌力概念模型认为一个强势的品牌应该具有强劲的品牌力，在市场上是可以迅速成长的，从而把品牌资产与品牌成长战略相联系起来。这种概念模型认为，财务的方法只是在考虑品牌收购或兼并时才很重要，财务价值只应是评估品牌价值的第二位的指标，除此之外，更重要的是要着眼于未来的成长。品牌资产的大小应体现在品牌自身的成长与扩张能力上，例如品牌延伸能力。品牌延伸能力是体现品牌力的一个重要指标。正如 Aaker（1996）与 Keller（1990）所指出的，现在对于一个企业而言，引入一个全新品牌的成本要比品牌延伸的启动成本高得多，而且失败的概率也要高，因此品牌延伸已为绝大多数企业所使用。而品牌延伸可以实现现有品牌资产中的贡献因素向新产品的延伸，这些因素包括：品牌名称、消费者对品牌的态度、对现有品牌的忠诚度、现有产品与延伸产品之间的适应性、品牌形象等。

基于市场的品牌力概念模型是顺应品牌的不断扩张和成长而提出的，该模型与财务会计概念模型最大的不同在于：后者着眼于品牌的短期利益，而前者研究的重心则转移到品牌的长远发展潜力。

三、基于消费者的概念模型

基于市场的品牌力概念模型尽管也开始注意到消费者与品牌资产的关系，但是该模型的主要重心还在于品牌的长期成长及计划。绝大部分学者都是从消费者角度来定义品牌资产的。他们意识到：如果品牌对于消费者而言没有任何意义，那么，它对于投资者、生产商或零售商也就没有任何意义了。因此，品牌资产的核心便成为如何为消费者建立品牌的内涵。

Pokorny（1995）认为，消费者看待品牌资产的关键首先在于建立一个持久的积极的品牌形象。品牌形象事实上是一个品牌本身或生产品牌的企业的个性体现，消费者可以用形容词来描述其对品牌或企业的感觉和认识。

Keller（1993）和 Krishnan（1996）则认为长期顾客忠诚度关键在于让消费者了解品牌，让消费者掌握更多的品牌知识。消费者对品牌知识的了解可以分几个阶段进行。首先是品牌知名度、品牌形象。Keller（1993）认为品牌知名度又分为品牌认知和品牌回忆，品牌形象又可分为态度的和行为的。其次是建立一个好的品牌联想，这样消费者就可以建立一个积极的品牌态度。品牌能够越多地满足消费者，消费者对品牌的态度就越积极，也就有越多的品牌知识可以进入消费者的脑海。一旦在消费者心目中建立了品牌的知识，品牌管理者就要确定品牌的核心利益，即品牌能够满足消费者哪一方面的核心需要。

Kervin Keller（1993）指出，品牌权益的研究主要有两个动机：一是财务动机，即出于会计或并购等目的，更精确地估计商标价值；二是战略动机，即改进营销效率。因此，研究商标可从两个方面进行：一是从管理决策角度，即从企业视角判断商标创建投资的合理性；二是从消费者角度，即从消费者对商标偏好的心理过程及商标对于消费者的效用来研究。

第二节　品牌资产的构成

谈及品牌资产，必然要提到美国著名品牌策略与管理研究专家大卫·艾克（David A. Aaker）的《品牌资产管理》（Managing Brand Equity：Capitalizing on the Value of a Brand Name）。艾克认为，强势品牌之所以有价值，并能为企业创造巨大利润，是因为强势品牌具有高度的品牌忠诚、品牌认知、认知质量、品牌联想等特性。

按照艾克的观点，品牌作为一种资产，其价值衡量和构成要素有五个方面：一是该品牌名称能为价格带来多少额外价值；二是品牌名称对顾客的选择偏好能产生多大的影响；三是品牌被取代所要付出的代价；四是该品牌的股票价格；五是该品牌创造利润的能力大小。品牌的价值由多方面的因素构成，所以，其衡量标准的手段也是多种多样的。艾克在1991年综合前人的基础上，提出品牌资产的"五星"概念模型，即认为品牌资产是由"品牌知名度（Brand Awareness）、品牌感知质量（Perceived Brand Quality）、品牌联想度（Brand Association）、品牌忠诚度（Brand Loyalty）和品牌其他专有资产"五个部分组成的。该模型基于品牌消费者关系，把品牌资产的组成模块化，有利于品牌资产的管理。

品牌知名度是消费者对一个品牌的记忆程度，品牌知名度可分为无知名度、提示知名度、第一未提示知名度和第一提示知名度四个阶段。一个新产品在上市之初，在消费者心中处于无知名度的状态；经过一段时间的广告等传播沟通，品牌在部分消费者心中有了模糊的印象，在提示之下能记忆起该品牌，即到了提示知名阶段；下一个阶段——第一未提示知名度阶段，在无提示的情况下，能主动记起该品牌；当品牌成长为强势品牌，在市场上处于"领头羊"位置时，消费者第一个脱口而出或购买时第一个提及该品牌，这时已达到品牌知名度的最佳状态——第一提示知名度阶段。

品牌感知质量是指消费者对某一品牌在品质上的整体印象。它的内涵包括：功能、特点、可信赖度、耐用度、服务度、效用评价、商品品质的外观。它是品牌差异定位、高价位和品牌延伸的基础。研究表明，消费者对品牌品质的肯定，会给品牌带来相当高的市场占有率和良好的发展机会。

品牌联想度是指透过品牌而产生的所有联想，是对产品特征、消费者利益、使用场合、产地、人物、个性等的人格化描述。这些联想往往能组合出一些意义，形成品牌形象。它是经过独特销售点（USP）传播和品牌定位沟通的结果。它提供了购买的理由和品牌延伸的依据。

品牌忠诚度是在购买决策中多次表现出来的对某个品牌有偏向性的（而非随意的）行为反应，也是消费者对某个品牌的心理决策和评估过程。它由五级构成：无品牌忠诚者、习惯购买者、满意购买者、情感购买者和承诺购买者。品牌忠诚度是品牌资产的核心，如果没有品牌消费者的忠诚，品牌不过是一个几乎没有任何价值的商标或用于区别的符号。从品牌忠诚营销观点看，销售并不是最终目标，它只是消费者建立持久有益的品牌关系的开始，也是建立品牌忠诚、把品牌购买者转化为品牌忠诚者的机会。

　　品牌其他专有资产是指品牌有何商标、专利等知识产权，如何保护这些知识产权，如何防止假冒产品，品牌制造者拥有哪些能带来经济利益的资源，比如客户资源、管理制度、企业文化、企业形象等。Aaker认为品牌资产的五项内涵中，品牌感知质量、品牌知名度、品牌联想度、品牌其他专有资产有助于品牌忠诚度的建立，其中品牌知名度、品牌感知质量、品牌联想度是代表顾客对于品牌的知觉和反应，而品牌忠诚度则是消费者对品牌的忠诚度。Aaker指出品牌权益的核心是品牌感知质量和品牌联想度。

　　品牌资产五星模型的应用意义在于：品牌是代表企业或产品的一种视觉的感性和文化的形象，它是存在于消费者心目之中代表全部企业的东西，它不仅是商品标志，还是信誉标志，是对消费者的一种承诺。品牌资产评估就是对消费者如何看待品牌进行评估和确认，由此可以说，消费者才是品牌资产的真正审定者和最终评估者。

第三节　品牌资产评估

　　品牌资产作为企业重要的无形资产，这种附加价值来源于品牌对消费者的吸引力和影响力，在市场竞争中发挥着重要的作用。因此，非常有必要定期进行品牌资产的评估，以便为企业的品牌资产管理提供参考。品牌资产评估，首先可以加深企业对自身品牌资产的认识；其次，可以更全面地反映企业的经营业绩；最重要的是品牌资产评估为企业间的兼并收购提供了重要的依据。

从用途上而言，品牌资产评估有两大类。第一类是企业自身产权变动或使用权拓展需要所进行的价值量化。这种评估必须根据评估目的，依据国家颁布的评估标准、方法，以个案的形式进行。第二类是用于价值比较所进行的价值量化，这种评估必须选择同一标准、方法、基准日，进行统一的群体评估。第一类评出的可称为"交易价值"；第二类评出的可称为"内在价值"，实际上是品牌市场竞争力的客观表现。内在价值不用于交易，它表明品牌资产所带来的超值创利能力。

目前世界上的品牌资产评估大致分为两类。第一类着眼于从消费者角度评估品牌强度，即品牌在消费者心目中处于何种地位。比如，消费者对品牌的熟悉程度、忠诚程度、品质感知程度以及消费者对品牌的联想等。从这一角度评估品牌，主要目的是识别品牌在哪些方面处于强势地位，哪些方面处于弱势地位，然后据此实施有效的营销策略以提高品牌的市场影响力或市场地位。目前西方市场营销学术界主要侧重从这一角度评估品牌。品牌评估的另一种取向则是侧重从公司或财务角度，赋予品牌以某种价值。在公司购并、商标使用许可与特许、合资谈判、税收交纳、商标侵权诉讼索赔等许多场合都涉及或要求对品牌作价。出于这种需要，许多资产评估公司纷纷涉足品牌评估，并发展出各种评估方法。

英国 Interbrand 公司自 1988 年起在行业内率先开创了品牌价值研究。作为第一个通过 ISO 10668 国际认证的品牌价值评估体系（概述了品牌货币估值的要求），Interbrand 的整个分析方法论被业界公认为具有特殊战略管理价值的工具。

Interbrand Group 的强势品牌评估方法，是通过计量统计来计算每个品牌的"品牌作用指数"和"品牌强度"，再根据该品牌在未来几年内所能带来的稳定的现金流以科学方法加以贴现得出。强势品牌是在消费者以及其他利益相关者心中富有魅力且愈久弥坚的品牌，一般具有如下特征：1）卓越地传达品牌的核心价值；2）准确有力的品牌定位；3）鲜明的品牌个性；4）独特而富有感召力的品牌沟通主张；5）品牌广告的诉求与品牌的价值和形象持续保持一致；6）长期有力的广告支持和营销活动、管理和制度支持。品牌强度评价因素如表6-1所示。

表6-1 品牌强度评价因素

评价因素	含义	权重
领导力	品牌的市场地位	25%
稳定力	品牌维护消费者特权的能力	15%
市场力	品牌所处市场的成长与稳定情况	10%
国际力	品牌穿越地理文化边界的能力	25%
趋势力	品牌对行业发展方向的影响力	10%
支持力	品牌所获得的持续投资和重点支持程度	10%
保护力	品牌的合法性和受保护的程度	5%

Interbrand 针对中国市场，在力求与其全球评估方法保持一致的前提下，采用经过第三方独立审计的财务资料以及广泛的消费者调研和市场资料，主要通过三个关键维度评出中国最具价值的 50 个品牌：1）品牌化产品和服务的财务业绩；2）购买决策过程中的品牌作用力；3）品牌所拥有的贡献于未来收益的品牌强度。该榜单是目前国内最权威的品牌价值排行榜，及时捕捉市场趋势和品牌动向，已经成为我国各行业品牌发展的风向标，以及各品牌考察自身价值的重要依据[1]。

第四节 品牌资产管理

品牌资产既是企业的重要资产，是节约企业市场活动费用的有效手段，又是提升企业产品溢价的源泉，是取得市场竞争优势的法宝。提升品牌价值，可以促进品牌声誉的价值溢出和品牌资产的扩张，可以建立有效的壁垒以防止竞争对手的进入。从品牌资产的定义可以看出，要想让品牌成为资产的一部分，就必须对品牌实施资产化管理，通过不断地对其进行投入来维护和巩固其价值。品牌资产管理要从构

---

[1] http://interbrand.com/cn/newsroom/interbrand.

成品牌资产的几个要素入手，具体方法如下：

一、建立品牌知名度

品牌知名度的真正内涵是认知度及回忆度。品牌知名度的建立至少有两个作用：第一，消费者从众多品牌中能辨识并记住目标品牌。第二，能从新产品类别中产生联想。由此，建立品牌知名度通常可采用的做法是：1）创建独特且易于记忆的品牌。就是给产品或服务取个好记的名字。2）不断展示品牌标识。除了声音之外，品牌名、品牌标识、标准色也具有很强的识别能力。目标物重复出现，可以提高人们对目标物的正面感觉，使消费者不论走到哪里始终有一样的视觉印象。3）运用公关的手段。广告效果显著，但相对代价昂贵，且易受其他广告的干扰。但是，运用公关的传播技术，塑造出一些话题，通过报纸、杂志来引起目标消费者注意常常可以取得事半功倍的效果。4）运用品牌延伸，或者产品线延伸，用更多的产品去强化品牌认知度，即所谓的统一式识别。

二、维持品牌忠诚度

品牌忠诚度就是来自消费者对产品的满意并形成忠诚的程度。对于一个企业来讲，开发新市场、发掘新的顾客群体固然重要，但维持现有顾客品牌忠诚度的意义同样重大，因为培养一个新顾客的成本是维持一个老顾客成本的 5 倍。维持品牌忠诚度的通常做法有：1）给顾客一个不转换品牌的理由。比如推出新产品，适时更新广告来强化偏好度，举办促销等都是创造理由，让消费者不产生品牌转换的想法。2）努力接近消费者，了解市场需求。不断深入地了解目标对象的需求是非常重要的，通过定期的调查与分析，去了解消费者的需求动向。3）提高消费者的转移成本。一种产品拥有差异性的附加价值越多，消费者的转移成本就越高。因此，应该有意识地制造一些转移成本，以此提高消费者的忠诚度。

三、建立品质认知度

品牌资产的价值关键体现在差异化的竞争优势上。这种优势可表现在由产品的质量、性能、规格、包装、设计、样式等带来的工作性能、耐用性、可靠性、便捷性等的差别上；也可表现在由服务带来的品牌附加价值上，如服务的快速响应、服务技术的准确性、服务的全面性、服务人员的亲和力等。因此，品质的认知度是消费者对某一品牌在品质上的整体印象，它不仅指产品或服务本身，同时还包含了生产品质和营销品质。

建立品质认知度可从以下几方面着手：1）注重对品质的承诺。企业对品质的追求应该是长期的、细致的和无所不在的，决策层必须认清其必要性并动员全体员工参与其中。2）创造一种对品质追求的文化。因为品质的要求不是单纯的，每个环节都很重要，所以最好的办法是创造出一种对品质追求的文化，让文化渗透到每一个环节中去。3）增加培育消费者信心的投入。经常关注、观察、收集消费者对不同品牌的反应是不可或缺的做法，强化对消费者需求变化的敏感性。4）注重创新。创新是唯一能够变被动为主动，进而去引导、教育消费者进行消费的做法。

四、建立品牌联想

建立品牌联想对于品牌资产管理非常重要。品牌联想是指消费者想到某一个品牌的时候所能联想到的内容。品牌联想能够影响顾客的购买心理、态度和购买动机。所以品牌能够提升顾客的感知价值，反过来，也可促进品牌价值的提升。品牌联想大致可以分为几类：产品特性，消费者利益，相对价格，使用方式，使用对象，生活方式与个性，产品类别，比较性差异等。对企业而言，所要掌握的就是消费者脑海中的联想，能有一个具体而有说服力的购买理由，这个理由是任何一个品牌得以存活延续所具备的。

五、利用品牌资产实施并购

利用品牌（尤其是名牌）资产实施兼并与合作是资本运营的一个重要方式，也是企业实现规模经济、实现低成本扩张、提高企业资源配置效率、提升品牌资产价值的有效手段。因为创建强势大品牌的最终目的是持续获取更好的销售与利润，而无形资产的重复利用是不计入成本的，只要有科学的态度和过人的智慧来规划品牌延伸战略，就能通过理性的品牌延伸与扩张，充分利用品牌资源这一无形资产，实现企业的跨越式发展。但是，诸如公司并购等品牌扩张战略是一项风险相当大的业务，为了有效地促进并购后公司业绩的增长和品牌资产价值的提升，必须慎重地制定策略。在确定公司并购时，应考虑以下因素：1）对公司本身的自我评估及对目标公司的评估。2）并购本身的可行性分析。3）利用品牌进行合作经营时，双方应优势互补。4）合作应有利于延伸品牌系列。

六、强化品牌传播

有了好的品质，还需要强化品牌的传播，才能打造知名品牌。品牌传播首先要完美地体现品牌的核心价值理念。品牌核心价值理念是品牌带给消费者利益的根本所在。品牌叙事就是通过形象化、通俗化的语言和形式，将之传递给目标受众。品牌传播要增进与消费者的情感交流与心灵共鸣。品牌传播还要形象巧妙地传递品牌信息，通过传播渠道传递品牌的相关信息，以一种经过精美包装的形象化形式，将所要传递的品牌背景、品牌价值理念和产品利益诉求点（USP）等品牌信息，诉诸人们的视觉感官，使人们在欣赏玩味、潜移默化中接受品牌提供的信息，增进目标受众对品牌的识别和认可。

最后，从根本上来讲，提升品牌资产价值，主要还是要从企业内部挖掘潜力，毕竟外部环境是不容易改变的，而企业自身的资源相对来讲是可以控制的。从企业内部的角度出发，要切实转变观念，真正树立起品牌意识。品牌的建立首先要有明确的定位，结合自身的优势打造品牌的个性。市场的激烈竞争导致产品同质化越来越严重，因此一个品牌的鲜明个性就显得特别重要。这可以通过不同的途径来实现，比如技术领先、产品差异化和市场专一化等。品牌资产的提升需要长期不断地投入，企业应该立足长远，持续不断地为建设知名品牌而努力。

课程项目

以小组为单位，收集过去一年中，国际品牌收购中国本土品牌，以及中国品牌收购国际品牌的案例，分别对比列举每起收购中被收购品牌市值（上市公司）或当期经营收入（私营企业）、收购价、涨价幅度，并分析溢价收购看重了被并购品牌的哪些当前价值和潜在价值。

第七章 品牌国际化

开篇案例：安踏的品牌国际化

1991年，安踏鞋业有限公司在福建省晋江市成立。安踏已经发展成为国内体育用品品牌的领跑者。自2009年起，安踏成为中国奥委会体育服装合作伙伴，为中国团体参与大国际赛事提供参赛装备。2014年，安踏成为NBA官方市场合作伙伴以及NBA授权商。除赛事赞助外，安踏开始实践多品牌运营战略，收购了意大利高级运动休闲品牌FILA，标志着安踏集团国际化进程向前迈进。此后，又收购英国老牌城市健步鞋品牌Sprandi、日本功能服装品牌Descente、韩国户外品牌Kolon Sport等，形成了多品牌的体育集团。凭借"单聚焦、多品牌、全渠道"战略，安踏集团2018年交出上市11年以来的最佳成绩单，收入、经营利润和股东应占利润均创下历史新高，更连续五年保持双位数增长。安踏为"中国制造"升级到"中国创造"探索出一条具备自身特色的道路[1]。

思考和讨论：查找资料，梳理安踏品牌国际化的历程，总结其经验和教训。

第一节 品牌国际化的内涵

从全球经济发展趋势来看，发达国家企业已经基本上完成了由商品输出到资本输出，再到品牌输出的过渡。品牌研究的权威学者凯文

---

[1] 安踏：多品牌，国际化，赛事赞助［EB/OL］. http://manage.tbshops.com/html/news/461/230271.html.

·莱恩·凯勒（Kervin Lane Keller）认为，企业实施品牌的国际化具有以下优势：1）实现生产与流通的规模经济；2）降低营销成本，扩大影响范围；3）品牌形象的一贯性；4）营销活动的统一性。品牌国际化是企业国际化的关键❶。关于品牌在国际市场进行运营有不同的术语，其中，具有代表性的是品牌国际化（International Branding）和品牌全球化（Global Branding）。

品牌国际化，是指企业采用相同或不同的品牌进入多个国家（尤其是发达国家），通过高质量且具有某种特质的产品在国际范围内进行自有文化的成功渗透，并以此实现品牌形象的国际化，给消费者以独特的体验并获得广泛的认同，最终实现品牌价值提升和满足某些特定群体利益的品牌输出的过程。

品牌全球化，是指将同一品牌以相同的名称（标志）、相同的包装、相同的广告策划等向不同的国家、不同的地区进行延伸扩张，以实现统一化和标准化带来的规模经济效益和低成本运营的一种品牌经营策略。品牌全球化经营有不同的形式，最低级的形式是产品的销售；较高级的形式是资本的输出，即通过在目标国投资建厂以达到品牌扩张的目的；最高级的形式是通过无形资产的输出，即签订商标使用许可合同等方式，实现品牌扩张的目的。

本书采纳品牌国际化作为研究概念，认为基于我国发展中国家的国情，我国企业在国际化过程中，主要是希望通过品牌的国际化运营，提高品牌形象，塑造全球知名品牌。根据韩中和的研究综述，品牌国际化又可以分为狭义和广义两种：狭义定义认为，品牌国际化就是企业国际化过程中的品牌名称决策问题；广义定义认为，品牌国际化就是企业在海外向目标顾客展示积极形象并建立企业品牌资产的发展过程❷。大部分学者都认同广义定义，即上文给出的品牌国际化定义❸。编者也认同广义定义，认为品牌国际化就是在国际市场尤其是

---

❶ 沈铖，刘晓峰. 品牌管理［M］. 北京：机械工业出版社，2009.
❷ 韩中和. 品牌国际化研究述评［J］. 外国经济与管理，2008，30（12）：32-38.
❸ 梁东，连漪. 品牌管理［M］. 北京：高等教育出版社，2012.

在国际主流市场建立品牌资产的过程。

从全球经济发展趋势来看，发达国家企业已经基本上完成了由商品输出到资本输出再到品牌输出的过渡。品牌国际化代表着统一的品质、恒久的企业形象、全球化的服务、共同的消费心理基础和不断的技术创新，是企业对全世界消费者的一种承诺。

第二节 品牌国际化的阶段和途径

进入国际市场的途径和原则是品牌国际化的核心问题。全球市场品牌进入理论（Global Market Brand Entry）认为有三条进入国际市场的途径：1）向新市场出口现有公司品牌，实现地理扩张；2）获取新市场上已有一定声誉的品牌；3）与其他公司建立品牌联盟（合资、合伙或特许经营）。该理论认为，速度、控制和投资是评价不同进入方式的三个重要标准。大卫·艾克（David Aaker）的国际品牌理论指出，品牌国际化是建立海外目标消费者正面品牌态度的品牌资产的过程。他和 Joachimsthaler 在 2000 年提出了创造一个国际品牌要具备的四个原则：1）共享品牌在各国市场的销售经验；2）建立支持国际品牌的机制，包括沟通机制、客户、竞争以及品牌分析机制等；3）责任划分明确；4）在不同文化背景差异下采取不同的品牌扩张方式。品牌国际化的最根本动因是资本逐利的本性。关于后进国家如何追赶先进国家的品牌国际化研究引起了大家的关注。Julian Ming-Sung Cheng 等人使用案例研究的方法，对韩国和我国台湾的共 8 家制造企业（Samsung, LG, Daewoo, Hyundai, Kia, Hynix, Giant, Trend Micro）进行了调研和访谈，他们构建了品牌国际化的阶段模型，将品牌国际化的过程划分成了四个阶段（见表 7-1），并针对每个阶段企业的任务、问题、战略或方法进行了总结[1]。

---

[1] Julian Ming-Sung Cheng, Charles Blankson, Paul C S Wu, Somy S M Chen. A Stage Model of International Brand Development: The perspectives of manufacturers from two newly industrialized economies-South Korea and Taiwan [J]. Industrial Marketing Management, 2005 (34): 504–514.

表 7-1 品牌国际化的阶段模型

阶段	任务	问题	战略或方法
1. 国际化前期国内市场领先	生存，成为本土市场领先品牌	低效的生产体系；技术不可靠；缺乏合格技术人员和运营经验	OEM；签订风险协议；外聘有经验员工
2. 世界领先市场发展	品牌在海外，尤其是发达国家拓展	缺乏必备知识和资源；竞争者防御；低的品牌认知度	签订风险协议；OEM
3. 品牌国际化市场扩张	在三个领先市场（美国、日本、欧盟）发展国际品牌	从发达国家得到的技术支持和转移减少；同OEM客户冲突增加，收缩OEM业务	先进产品；时尚设计；赞助世界赛事；品牌重新命名；总部迁移
4. 本土化	在第三世界国家发展品牌	缺乏高的品牌认知度；不忠诚的本地员工；官僚主义导致组织低效	品牌本土化，如营销本土化和员工本土化

来源：作者根据（Julian Ming-Sung Cheng, et al., 2005）整理。

例如，韩国和我国台湾是新兴市场，它们从 20 世纪 60 年代之后，成功地通过 OEM 方式进入国际市场；在积累了技术和市场经验之后，推出自有品牌，努力塑造了一批世界知名的自有品牌，改变了其品牌较低的形象，这对同样处于新兴市场的我国大陆企业而言，尤其具有借鉴意义。

基本上，品牌国际化的战略有五种：贴牌战略、创牌战略、并购战略、品牌联盟战略、品牌本土化战略[1]。在国际化运营中，由于缺乏经验，企业一开始的国际化会选择贴牌战略，即企业没有品牌，以贴牌方式为知名企业生产、加工（OEM）。贴牌是新兴国家企业在品牌国际化初期的普遍做法。这种方式具有较低的生产、营销和法律成本，质量控制也比较灵活，但是这种方式面临着日益严峻的价格战，易被人取代，只能获得微薄的利润。创牌战略则是在国外市场以自主品牌进行拓展，这种方式可使企业获得较高的品牌忠诚

---

[1] 梁东，连漪. 品牌管理 [M]. 北京：高等教育出版社，2012.

度，可以更高价格销售并获取较多利润，当然，这也意味着更高的市场培育、营销和法律成本。并购战略是企业收购国际品牌，进行资源整合。并购可以迅速推动企业的国际化进程，但是风险也很高，并购以后能否有效整合资源，要求企业具有较高的管理能力和资源。品牌联盟战略是指两个或两个以上的企业为了共同利益而进行品牌合作，多个品牌之间的联盟合作形成了一个巨大的利益共同体。企业通过建立广泛的生产与经营的市场同盟体，实现共同开发市场、共同分享市场利益的目的。例如，索尼和爱立信进行品牌联盟，推出了索爱手机，取得了不错的业绩。品牌本土化战略则是指品牌国际化进程中，要充分考虑国家之间的差异性，必须重视当地的社会文化差异，才能取得成功。

第三节　品牌原产地形象

原产地效应又称为原产地形象（Image of Country of Origin）。最初，品牌原产地研究集中于某国或某地的生产与制造引起产品质量的差异，进而影响购买倾向。因此，最初将"原产地"概念等同于"制造地（Country of Manufacturing）"。后来，跨国公司"组装"盛行，生产制造全球化，使得产品的品牌设计、制造、组装和销售都在不同的地区或国家进行。产品可能在其母国设计，但不在母国制造，产品配件来自世界多个国家。因此，有研究把"原产地"进一步分为"制造地""设计地（Country of Designing）""组装地（Country of Assembling）"（Papadopoulous，1993）。

由于品牌在全球的影响力不断增强，品牌对消费者品质评价和购买选择的影响力远大于产品制造地或设计地。因此，有研究主张用"品牌原产地（Country of Brand，COB）"代替"产品原产地"。"品牌原产地"指品牌最初生长和培育的国家，或称为生产厂商品牌的国籍。一般而言，品牌所属的公司总带有母国概念，例如，IBM品牌在全球营销，但消费者仍认为它是一家美国公司。联合利华由一家英国公司和一家荷兰公司合并而成，总部在布鲁塞尔，从统一经济体角度来看，把联合利华的原产地称为"欧洲"应没有歧义。随着更多类似欧盟经济体的出现，原产地的国家概念趋于淡化，可代之以经济体作为品牌原产地。

原产地形象是指目标市场的消费者对产品或服务的原产地的总体认知和整体印象。这种形象是由代表性的产品、国家特色、经济与政治背景、历史及传统等因素所形成的。原产地效应则是指消费者对一个国家或地区一般化的感知，这种感知会影响人们对该国或地区产品和品牌的评价。

一般来说，原产地效应的决定因素有三个方面：1）原产地自身的特征，包括自然因素、文化因素、科技管理水平、经济发展水平、行业的品牌集中度等；2）目标市场因素，包括消费者对该品牌的熟悉程度、消费者所具有的知识、消费者的文化倾向等；3）产品自身的特点，包括产品类型、产品自身的品牌形象、产品的重要性程度、产品的复杂性程度等。因此，一个方面，我们应该努力建立良好的原产地形象，例如原产地的地理资产、人文背景、科技水平、名胜古迹、生活方式、民俗风情等资源，借此来提高品牌的原产地形象。另一个方面，面对负面的原产地形象，国家层面和企业层面应该通力合作，制定长期的营销策略，弱化原产地的负面形象，逐渐建立起良好的原产地形象。然而，作为新兴的发展中国家，建立良好的原产地形象的过程是艰难和漫长的。

第四节　我国企业品牌国际化

所谓国际化公司，通常讲需要拥有在全球知名的品牌、全球化的网络和服务、与国外普通民众直接相关的产品和服务以及世界领先的技术和理念。改革开放以来，我国经济经过40多年的迅猛发展，很多企业已经拥有了国际化的成功经验或者教训（见表7-2），总结这些经验和教训，能让我们有所借鉴，为今后的品牌国际化提供参考。

表 7-2 我国企业品牌国际化举例

企业名称	创立时间	国际化模式	品牌国际化路径	国际目标市场
华为	1997	核心技术导向	全球统一自有品牌 Huawei；与知名品牌 3COM 合作	先易后难，先发展中国家，后发达国家
格兰仕	1997	贴牌与创牌相配合	为各国知名微波炉品牌贴牌生产	目标国
海尔	1998	海外直接投资	全球统一自有品牌 Haier	先难后易，美国等发达国家
长虹	1998	贴牌加工出口	为东芝、美国通用电气、爱立信等公司贴牌生产	澳大利亚、印度尼西亚
TCL	1999	品牌收购或共享	TCL、德国施耐德、法国汤姆逊及阿尔卡特	先易后难，先新兴国家，后成熟国家
联想	2004	并购模式	全球统一自有品牌 Lenovo	美国等发达国家
吉利	1997	并购模式	2010 年收购沃尔沃轿车公司	欧洲国家
阿里巴巴	1999	整合全球资源	收购 Lazada Group SA；赞助奥运会	东南亚、澳大利亚、拉美地区、日本

我国企业的品牌全球化一般都是从贴牌加工生产开始的，逐渐积累经验，然后根据市场环境和企业资源，有选择地在不同市场上选择国际化模式，当前我国企业品牌国际化的典型模式有：

一、华为模式——以自有品牌和技术攻占国际市场

从 2005 年开始，华为把国际化作为战略重点，以研发、生产制造的全球化为起点，建设海外市场和服务网络；选择先进入发展中国家，再进入发达国家[1]。华为海外品牌战略从一开始就选择了自主品牌出口，其所有出口产品均为华为自主品牌的高科技产品。当然，所有的核心和基础是华为对技术的重视，其每年不低于销售收入 10% 的研发投入，使其积累

---

[1] 李放，林汉川，刘扬. 全球化视角下中国先进制造模式动态演进研究——基于华为公司的案例分析 [J]. 东北大学学报（社会科学版），2011，13（2）：118-123.

了丰富的知识产权。华为模式的成功在某种程度上改变了世界对中国企业和中国产品的看法。华为人认为，先让国外客户承认中国品牌，再认可华为品牌，最后才开始认识产品❶。华为主要通过国家外交路线、投放产品广告、参加各种电信专业展览会和电信论坛，与客户进行技术交流甚至邀请客户参观公司等，增加客户对中国和公司的了解。这种行之有效的国际化战略帮助华为迅速地提高了自身品牌的知名度和美誉度。

然而，虽然华为在发展中国家取得了很多的成果，但是在发达的老牌资本主义国家，例如美国、英国，仍然处于起步阶段，主要的障碍是来自对其政治因素的考虑。此外，华为一贯注重实效，品牌宣传很少，导致欧美国家将其视为一家神秘的、具有军方背景的中国公司，将其视为是一种侵略和威胁，引起了所谓的国家安全忧虑，这些是华为品牌国际化的最大障碍❷。透明、公开和全球化的宣传，是建立国际品牌的关键。因此，华为必须努力建立与各种利益相关者，特别是媒体、政府和公众的关系，营造优秀的品牌形象和品牌文化。

二、格兰仕从贴牌到创牌模式——成本换市场，通过代工积累实力逐步走向自有品牌

格兰仕创立于 1978 年，从一个 7 人创业的乡镇小厂发展成为拥有近 5 万名员工的世界综合性白色家电集团。格兰仕的发展是从贴牌到创牌的一个最好例证。1996 年，格兰仕引进了全球范围内最先进的微波炉生产设备和技术，利用生产成本低廉的优势，在消化吸收的基础上进行集成，迅速成为微波炉的领先制造者。通过与跨国公司合作，格兰仕学习并不断提高自身的技术研发能力和品牌管理水平，这为格兰仕发展为国际知名品牌打下了坚实的基础。除品牌代工外，格兰仕还利用剩余生产能力制造自己的产品，不仅降低了成本，也使它将代工中积累的渠道和管理经验移植到了自有品牌上来。注重质量是格兰仕保持国内市场领先和国际化扩张的前提。现在，格兰仕在全

---

❶ 王志明. 华为的全球化战略问题研究［D］. 上海：上海交通大学，2010.
❷ 孙燕飚. 华为 5 月起换标意在国际化新标仍以红色为主基色［EB/OL］. (2006 - 4 - 25). http://tech.163.com.

球,如美国、英国、加拿大、日本、俄罗斯、中国香港等 67 个国家和地区注册了近 100 件"格兰仕 Galanz"商标,且在美国、加拿大、法国当地设有分公司。格兰仕正在经历着从世界工厂向世界品牌的转变过程。

与此类似的还有格力。格力家电集团成立于 1991 年,拥有格力、TOSOT、晶弘三大品牌,主营家用空调、中央空调、空气能热水器、手机、生活电器、冰箱等产品。"格力"品牌空调,是中国空调业唯一的"世界名牌"产品,业务遍及全球 100 多个国家和地区。

三、海尔海外直接投资模式——先难后易的品牌战略

从 1998 年国际化战略的提出到 2002 年全球化战略的提出,海尔一直坚持"自主品牌+本土化运营"的全球化道路。1999 年 1 月,海尔正式实施跨国经营发展战略,开始大规模对外直接投资。近年来,海尔已经实现了设计、采购、制造、营销、资金运作的全球化。海尔先难后易的国际化战略就是先打开发达国家市场,后进入发展中国家市场的战略。海尔认为:到消费者最讲究、最挑剔的市场,到强者如林的成熟市场摔打历练,才能迅速成长并占领制高点,然后居高临下地进入其他市场。因此,海尔先后在美国和意大利等地建立了工厂,当然,这个战略的执行需要大量的资金支持。目前,海尔海外收入中自主品牌占比达到近 100%,已经覆盖 160 多个国家和地区,且是欧美、日韩很多主流市场的主流品牌,尤其收购了 GE 家电后更是加大了对北美市场的覆盖。

四、联想和吉利的并购模式——以资金换市场,利用国际品牌影响力进军海外市场

收购是我国企业突破品牌发展瓶颈的一个有效途径。国际市场的竞争是技术、品牌和设计的竞争,并购国际知名品牌是我国企业快速实现国际化发展的捷径。例如,2004 年 12 月 8 日,联想集团宣布以 12.5 亿美元收购 IBM 个人计算机业务。

1997 年,吉利创立。2010 年,吉利控股集团有限公司以 18 亿美

元正式收购福特旗下的沃尔沃轿车公司，包括沃尔沃的全部股权、核心技术、专利等知识产权和制造设施；以及沃尔沃在全球的经销渠道。吉利收购沃尔沃轿车后，保持其"北欧设计、全球豪华品牌"的定位，使其独立运营，吉利对外也刻意淡化其与沃尔沃的关系。吉利的战略原则是：吉利是吉利，沃尔沃是沃尔沃，吉利是大众化品牌，沃尔沃是全球豪华品牌，吉利和沃尔沃各自独立运营。截至 2016 年，吉利汽车整车及 KD（散件组装）出口地遍布 20 多个国家及地区，在沙特、古巴和苏丹出口量排名中国品牌第一。

五、TCL 模式——海外并购与设厂并举的策略

TCL 在 1999 年就开始了国际化尝试。1999 年，TCL 在越南投资设立第一家工厂，建立自有品牌海外生产基地并取得成功，随后 TCL 逐步把业务扩展到印度尼西亚、菲律宾、泰国等东南亚国家，再到俄罗斯、印度等。2004 年 1 月，TCL 并购了汤姆逊全球彩电业务。同年 8 月，并购了阿尔卡特手机业务。这是中国企业的第一次大规模海外并购。连续收购后，恰逢技术升级及市场变化，整合难度陡然加大。一连串的人事、财务、管理等问题也随之而来，TCL 差点成为"先烈"。但在困难面前，TCL 与外方不断沟通，始终用开放心态强调合作共赢，最终才把阿尔卡特及汤姆逊的技术、营销、市场等体系与 TCL 有效融合。

从 2004 年的跨国并购开始，到 2007—2008 年开始有成果显现，再到 2009 年实现盈利进入稳步成长阶段，TCL 经历了数年从并购整合到协同成长的时间。TCL 从 2014—2016 年已经连续三年销售额突破千亿元，2016 年 TCL 主营业务中，海外营收已经占到了总体营收的 45.7%，成为真正意义上的跨国公司；而且依托技术创新、高品质的产品和服务，TCL 具备了在某些领域的世界竞争能力。

六、阿里巴巴模式——整合全球资源为我所用

阿里巴巴是阿里巴巴集团的旗舰公司，同时也是世界领先的电子商务品牌之一，成为全球首家拥有超过 800 万网商的电子商务网站，

遍布220个国家和地区。2014年9月19日,阿里巴巴登录纽交所,以250亿美元的融资规模成为美国有史以来最大的IPO,一跃成为市值仅次于谷歌的世界级网络公司。上市后,走向国际化是必然的选择。马云在接受采访时说,国际化绝不仅仅是在国外有业务、工厂,而是有国际化的思想和战略,因此,阿里巴巴在美国上市不过是其国际化进程中的"万里长征第一步"❶。从2014年开始,阿里速卖通、海外淘宝、天猫国际等对接国内外商品和消费者的服务就开始全面运转,历年双11的国际化程度越来越高。2016年,以10亿美元收购东南亚电商平台Lazada Group SA控股权,以寻求在东南亚市场的增长。

赞助奥运是阿里品牌全球化的重要战略。阿里巴巴于2017年1月与国际奥委会达成期限直至2028年的长期合作,阿里巴巴成为国际奥委会在"云服务"以及"电子商务平台服务"领域的唯一官方合作伙伴,以及奥林匹克频道的创始合作伙伴。阿里巴巴CMO董本洪对《中国企业家》杂志称,"赞助奥运是阿里品牌全球化的重要战略,借奥运让全世界更加认识阿里巴巴。"成为TOP(奥运全球合作伙伴)赞助商,无疑也是企业彰显实力和名望的标志之一。运营得好,会有助于企业在全球树立形象,加强客户关系,扩大品牌和产品知名度,为国际化奠定基础。

总之,我国企业已经在品牌国际化的道路上取得了很多成绩,但是,仍然需要注意以下几个问题:1)品牌要素和形象的国际化,需要从外国消费者的文化习惯和审美心理出发来进行设计;2)必须采用国际标准确保产品质量领先,才能参与正面竞争;3)力求本土化,包括营销本土化、人力资源本土化、服务本土化等;4)寻找合作伙伴,共担风险,合作共赢;5)注重服务,优质而完善的服务缩短了生产者和消费者之间的距离,使双方进行着一对一、面对面的接触和沟通,从而增强产品销售,提高产品和企业的知名度。

---

❶ 应强. 阿里巴巴离国际化还有多远 [EB/OL]. (2014-9-22). 新华网。

课程项目

2013年9月7日，国家主席习近平在哈萨克斯坦纳扎尔巴耶夫大学发表演讲，提出了共同建设"丝绸之路经济带"的畅想。同年10月3日，习近平在印度尼西亚国会发表演讲，提出共同建设"21世纪海上丝绸之路"。这两者共同构成了"一带一路"重大倡议。习近平非常重视"一带一路"，在各种重大场合反复谈及。

以小组为单位，选择某一个企业，以某一个特定地区为例，收集相关资料，讨论该企业如何在"一带一路"倡议背景下，实现品牌国际化；并给出具体行动方案和理由。

第八章　品牌保护

开篇案例：阿里巴巴的商标布局

早在1999年创业之初时，阿里巴巴就在品牌保护方面遭遇了商标抢注的问题。1999年5月，正普科技向中国商标局提出五项"阿里巴巴alibaba"商标申请，由于在此之前马云的阿里巴巴网站已经申请注册了"阿里巴巴"及"alibaba"等一系列中英文域名名称，且阿里巴巴网站已经取得了一定的知名度，中国商标评审委员会于2005年裁定正普科技的注册申请在与阿里巴巴公司提供的与网络服务有关的领域不予核准注册，北京市一中院及北京市高院均维持了商标评审委员会的裁定。"阿里巴巴alibaba"的商标争端，使马云团队开始重视商标的注册保护，展开大规模的商标注册布局，在不同领域广泛注册"阿里巴巴"的相关商标，如"阿里巴巴金融""阿里巴巴云计算"；还在其他不同业务领域申请注册了大量的商标，如"支付宝""淘宝""天猫"等。特别是对于支付品牌"支付宝"，阿里在所有45种商品和服务类别里面交叉注册了"支付宝""支付宝alipay.com"和"支付宝；alipay.com"商标。目前，仅阿里巴巴集团控股有限公司名下在国家商标局的商标注册申请已达2000件。

前车之鉴，使得阿里集团非常重视全方位的品牌保护。阿里巴巴不仅注重品牌保护的广度，也非常重视品牌保护的深度，编织了一张密密的商标防护网。此外，阿里巴巴的品牌保护具有前瞻性，在业务开始之前就先行完成了商标注册。例如，针对中国网民创造的类似于美国"黑色星期五"的购物狂欢节11月11日，阿里巴巴早在2011年就申请注册了"双十一""双十一狂欢节""双十一网购狂欢节"等商标。随着2013年"双十二"商标注册的完成，阿里巴巴公司又要打造出一个新的互联网购物节"双十二"。商标在业务扩展方面先行布局，为阿里巴巴的海外扩展奠定了坚实的基础。

第一节 品牌保护的内涵

狭义的品牌保护是指对品牌要素的防御和保护，目的是使品牌要素不会受到竞争对手的模仿、盗用、不当使用和滥用，保护品牌形象不受损，品牌资产不会被稀释。广义的品牌保护除了品牌要素的保护之外，还包括防止品牌不当延伸、不当杠杆与联盟、不当品牌组合或更新等各种品牌战略失误而导致的对品牌资产的稀释。广义的品牌保护涉及品牌定位、品牌授权、品牌延伸、品牌管理等内容。在菲利普·科特勒和加里·阿姆斯特朗所著的《市场营销原理》中认为：主要的品牌管理决策包括品牌定位、品牌名称选择、品牌持有和品牌开发。其中，品牌名称选择决策强调了品牌名称应当能够注册并得到法律保护。

对品牌最高的保护是对品牌相关权益进行的法律保护。商标是经过注册获得商标专用权从而受法律保护的品牌，它是企业对产品用文字、图案、语音等进行表征的一种权利，是企业的无形资产。品牌是市场概念，商标是法律范畴。由于商标权的法律性，商标保护的含义、任务和途径是非常明确的；但对于品牌来说，它的保护范围和法律适用范围非常复杂。品牌保护非常宽泛，除了核心的商标权保护，品牌保护的内容还涵盖所有企业经营管理因素对于品牌资产带来的负面影响。

品牌保护不当可能会引起品牌弱化，即使得某一品牌要素与特定公司或产品相联系的紧密程度受到削弱，或者变得模糊。导致品牌弱化的原因主要有：

1）品牌要素本身缺乏独特性，例如，李宁的品牌口号——一切皆有可能，与阿迪达斯的品牌口号——Impossible is nothing 没有本质差异，可能使得品牌在消费者心目中的突出形象被弱化或模糊化。

2）确定品牌要素前没有进行全球性排查。一个品牌要素的确定要经历广泛征集、初步筛选、备选方案的调研，以及最终确定等。在这个过程中，实际上最为重要的就是需要对品牌要素进行全球性排查。如果发现该品牌要素已在全球范围内被其他企业注册或使用过，那么企业就应该重新进行选择，避免损失和日后可能产生的问题。

3）投入使用中的品牌要素没有进行充分的商标注册。商标注册最容易产生品牌弱化。因此，企业需要考虑是在某一个品类还是跨品类注册。例如，英国著名的品牌维珍（Virgin）在商标注册时仅仅注册了维珍，这为其日后向金融、娱乐等行业延伸埋下伏笔。

品牌保护不当还会使批评弱化，即使品牌要素受到贬低，例如，具有一定知名度的品牌被恶意注册，借机进行炒作。或者品牌要素本身具有歧义或容易引发联想，给他人恶意炒作提供了可乘之机。例如，不少人将TCL这个品牌叫作"太差了"，把LG叫作垃圾，这些说法如果广泛流传，将会削弱品牌的资产和声誉。所以，企业在选取品牌要素的时候首先要进行各种比较和分析，一旦出现被人为丑化的情况，要积极与消费者进行沟通，并对恶意投机者进行惩戒。

品牌保护不当还可能产生品牌退化，即品牌要素具有的显著特征被削弱，逐渐演变为某个产品类别的通用名称。例如，朗科公司最先为其产品移动硬盘注册品牌名称为"优盘"，当时该品牌名称很有显著性，但是长期以来，朗科公司对竞争对手使用该品牌没有进行监控，使得同行和消费者都以为这是计算机移动存储器的通用名称，从而导致该品牌名称的独特性完全丧失。所以，企业要在品牌管理过程中进行持续的监控，降低品牌退化的概率。

第二节　我国品牌保护的现状

我国自2003年入世以来，国内外市场的边界日益模糊，在激烈的竞争环境下，很多企业不得不加快融入全球经济的进程。一些企业的国际化进程取得了很好的成果，涌现了海尔、联想、海信、格兰仕、华为、万向等优秀的企业代表。这些企业取得的成绩，都与自主创新、发展自有知识产权的核心技术和品牌密不可分，这是全球化时代立足于知识经济大潮中的根本。

目前，我国处于从"中国制造"转为"中国创造"的战略转型时期，虽然我国企业整体的知识产权保护意识获得了显著的提高，取得了一些成果。然而，与西方发达国家的跨国企业相比，我国企业进入国际市场的时间尚短，相关管理经验和人才非常缺乏，我国品牌的国际化管理存在不少漏洞和误区，特别是在品牌保护管理方面还有很大的缺陷，企业的海外商标管理存在不少漏洞和误区，主要表现在两个方面：

第一，商标注册数量迅速增加，但是世界知名商标很少。从商标注册申请量和有效注册商标总量看，我国已经位居世界前列，但与西方发达国家和地区相比，我国品牌在世界范围内的知晓率和美誉度都不高，国际市场竞争力不强，无法吸引消费者购买。直至2006年，全球最具价值的100个商标中还没有我国企业的商标。在我国每年出口的商品中，标有我国自有商标的商品仅占三分之一左右；有三分之一的商品没有商标；有三分之一的商品标注外国的商标。这导致我国商品大多只能在国外低端市场抢夺微利。

第二，我国企业缺乏品牌保护管理的战略眼光和知识，知名企业和老字号企业商标在海外被抢注的案件时有发生，品牌保护管理缺位，阻碍了企业的国际化发展。外商抢注我国知名商标已经给我们带来了非常巨大的损失，据统计，自20世纪80年代以来，我国的出口商标被抢注的有2000多起，造成每年约10亿元的无形资产流失，其中，250多个商标被澳大利亚厂商抢注，200多个商标被日本厂商抢注，50多个商标被印度厂商抢注，还有欧盟、拉美以及东南亚一些企业也在抢注我国的知名商标[1]。以联想的品牌名称为例，Legend是1988年香港联想开业时采用的英文名称，而使用Legend作为品牌的产品有百余个，且该英文名称在很多国家已被注册，全部买断已不现实。为此，联想于2004年被迫换标。此外，海信商标、同仁堂商标在海外被恶意抢注，iPad商标之争、乔丹品牌之争，互联网域名抢注

---

[1] 刘红霞. 商标资产管理研究 [M]. 北京：中国工商出版社，2009.

问题，以及越来越多的企业海外上市和并购中的品牌保护问题，都提醒我们：不仅要注意国际知名品牌对我国市场的战略布局，应对各种商标侵权事件，还必须进一步提高我国企业的品牌保护意识，将品牌保护管理提到战略高度和议事日程上来，构建我国企业国际化进程中的品牌保护屏障。

随着全球经济一体化程度加深，自有品牌成为企业国际化进程中的主要选择。企业首先要在国际市场中通过注册保护品牌，如果注册费用在公司预算范围内的话，在所有国家进行覆盖式注册可能是明智的选择，这只针对大的财力雄厚的公司，中小企业只能在注册时有所选择。在网络时代，在不同国家法律环境下，企业如何利用好商标国际注册的《马德里体系》和 WTO 的《TRIPS 协议》，提前筹划进行海外布局，为开拓国际市场和打造国际品牌铺路，这将会成为我国企业国际化道路上的关键问题。

第三节　品牌保护的对策

针对我国企业存在的各种品牌保护问题，已经有越来越多的学者意识到了其重要性和战略意义。其中，具有代表性的成果是袁真富与苏和秦的研究。他们将商标的法务管理与企业的经营战略相结合来进行分析，目的是通过商标战略管理，解决企业的品牌经营问题和持续发展问题。他们指出商标管理有三个层次：第一是商标保护，即通过商标申请注册、商标侵权诉讼等手段，达到防止商标盗用的目的；第二是商标经营，即通过商标许可使用、商标出资入股等，实现创造经济利润的目的；第三是商标战略，即通过创造驰名商标、巩固市场地位等，提升品牌形象和企业的竞争优势。他们从商标选择到商标维护的过程出发，描述了商标管理所涉及的主题，包括商标的设计管理、经营管理和风险管理等，但同时他们也指出，这些内容仅仅是商标管理的冰山一角，商标管理有着非常丰富的内涵和外延（见图 8-1）。

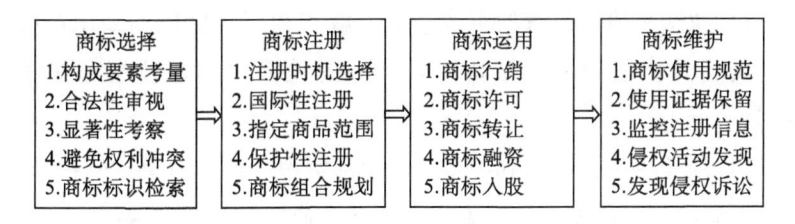

商标选择	商标注册	商标运用	商标维护
1.构成要素考量 2.合法性审视 3.显著性考察 4.避免权利冲突 5.商标标识检索	1.注册时机选择 2.国际性注册 3.指定商品范围 4.保护性注册 5.商标组合规划	1.商标行销 2.商标许可 3.商标转让 4.商标融资 5.商标入股	1.商标使用规范 2.使用证据保留 3.监控注册信息 4.侵权活动发现 5.发现侵权诉讼

图 8-1　商标管理

跨国公司已经意识到，在生产规模和成本控制上它们没有优势，只能凭借商标、品牌、专利组合等知识产权优势，通过发动商标诉讼、专利威胁等知识产权侵权指控来构筑新的贸易壁垒和竞争障碍，以牟取巨额商业利益。因此，我国企业也应将商标管理提升到公司战略管理的高度❶。

然而，专门针对品牌保护的研究成果并不多。其中，韦福祥认为品牌保护包括两个方面：一是司法保护，即通过商标注册、侵权应诉等进行保护；二是经营和管理保护，即通过产品创新、防伪技术和标签、树立良好品牌形象、开发产品线以分散风险，慎重使用商标许可，有限品牌延伸，谨慎降价，以及合理合法竞争来进行保护❷。

进行品牌保护管理时，仅仅通过法律手段来应对知识产权的侵犯（假冒商品）收效甚微。Timo Sohl 和 Wolfgang Saueressig 在对跨国公司和法律咨询公司经理访谈的基础上，提出了一个系统的品牌保护的五个层次：

1）法律保护手段：包括品牌的适当注册、登记、驰名商标申请等。

2）合作手段：在行业内与竞争对手建立合作同盟的关系。对于成功品牌而言，联合进行商标侵权抵制能够降低执法成本，提高查获率，并且更能引起公众的注意。

---

❶ 袁真富，苏和秦. 商标战略管理：公司品牌的法务支持 [M]. 北京：知识产权出版社，2007.

❷ 韦福祥. 对品牌保护若干问题的探讨 [J]. 山西财经大学学报，2001，23（3）：40-43.

3）执法手段：品牌拥有者必须了解和利用目标国的知识产权法律框架及其执法部门，与其建立良好的关系以实现监察和执法的效率。

4）商业手段：有效利用企业的内部资源，例如销售或营销部门、人力资源部门、研发部门，更好地帮助企业提升品牌的保护力度。例如，对于营销部门的人员应该进行假冒商品的检验培训，这将极大地增加企业发现商标侵权案例的概率。

5）技术手段：利用安全标签、无线射频芯片、特殊打印药水等新技术，帮助供应链成员和消费者更好地验证品牌的真伪[1]。

虽然品牌保护管理的五个层次针对的是我国市场中国外商标的侵权问题，目的是为跨国公司品牌保护管理提供思路，但对于我们试图走出国门，特别是在发展中国家进行品牌扩张的企业而言，也有着重要的借鉴意义。

国际知名品牌咨询公司 INTERBRAND 的品牌评估指标中，也将品牌保护作为重要的内部指标，含义是品牌在各种层面得到保护的程度，包括：1）法律保护，企业通过商标注册等进行的品牌保护和侵权诉讼等；2）专利成分和设计，企业申请的技术创新、技术专利、工艺设计专利等；3）规模，企业达到规模经济，产品市场占有率高；4）品牌地理分布，品牌在各地区分布合理，有合理的渠道网点和覆盖率；5）企业社会责任，指积极投入公共事业，为社区谋福，为自身创造好的商誉，也是企业在应对危机时的重要资产[2]。

品牌稀释问题和新兴技术导致的品牌保护新问题也引起了一些研究者的关注。品牌稀释问题在我国非常严重，李先国和黎学深指出：除了政府引导、加强法制建设和执法力度、增强行业协会功能之外，企业应该建立品牌管理专门机构及相应的品牌经理负责制，制定品牌保护的各项制度，包括从品牌全方位注册、防止模仿品牌注册、商标

---

[1] Timo Sohl, Wolfgang Saueressig. Development and Deployment of Brand Protection Strategies for China [J]. Marketing Review St. Gallen, 2009 (2)：30 - 34.

[2] Interbrand, Best Global Brands 2013 [EB/OL]. (2013 - 11 - 19). Http：www.interbrand.com.

专用权受损时采取法律手段等❶。

在技术迅速发展的背景下，社交媒体和移动网络应用产生了很多品牌保护的新问题。针对第三方社交媒体有可能给企业品牌形象带来的损害，Ross D. Petty 提出了一个管理的框架：监测社交媒体上关于品牌的消息和评论；对三类损害行为进行处理；传播正确的信息❷。由技术更新引起的品牌保护问题将是未来持续关注的热点。

商标保护是商标制度诞生以来理论和实践一直关注的问题。随着商标侵权样态的发展，商标侵权理论也在不断深入和丰富，主要集中在商标抢注侵权、涉外 OEM 商标侵权、驰名商标淡化侵权、商标反向混淆侵权、商标平行进口侵权等。杨建峰分析了王致和商标海外维权案件后指出，中国企业应该善于利用国际法律规则来制止商标抢注，进行海外品牌保护，如利用马德里体系进行商标国际注册，提前进行商标海外布局❸。孙海龙、姚建军结合审判实践，对贴牌加工企业涉及的商标争议焦点进行了法理分析，指出贴牌生产企业商标侵权的风险极高，亟须提高自主创新能力，培植自己的品牌❹。冯晓青的研究指出，驰名商标淡化是商标保护较为常见的一种商标侵权行为，从国际规则（TRIPS 协议）到包括我国在内的很多国家商标法都对此进行了规范，以实施驰名商标的反淡化保护❺。商标反向混淆侵权是以大企业侵犯小企业的在先注册商标为特征，彭学龙、罗斌分别以"蓝色风暴"❻和 iPad 商标案为例❼，提出了商标反向混淆侵权的解决

---

❶ 李先国，黎学深. 模仿品牌对著名品牌稀释问题的研究——兼论我国实施名牌战略中的品牌保护对策 [J]. 财贸经济，2009 (6)：83 - 89.

❷ Ross D Petty. Using the law to protect the brand on social media sites: A three "M"s framework for marketing managers [J]. Management Research Review, 2012, 35 (9): 758 - 769.

❸ 杨建峰. 商标抢注的国际法律规制及中国企业的利用：由王致和商标海外维权胜诉案谈起 [J]. 科技与法律，2009 (6)：36 - 39.

❹ 孙海龙，姚建军. 贴牌加工中的商标问题研究 [J]. 知识产权，2010 (5)：78 - 82.

❺ 冯晓青. 注册驰名商标反淡化保护之探讨 [J]. 湖南大学学报，2012，26 (2)：137 - 146.

❻ 彭学龙. 商标反向混淆探微：以"'蓝色风暴'商标侵权案"为切入点 [J]. 法商研究，2007 (5)：140 - 147.

❼ 罗斌. 论商标的反向混淆理论：以 iPad 案为视角探讨反向混淆的规则 [J]. 河北学刊，2012，32 (6)：168 - 171.

方案，强调要维护现行商标注册取得制度，加强中国自有品牌建设。我国国际知名自有商标不多，允许平行进口对我国具有低成本优势的产品走向国际市场有利。因此，严桂珍提出我国法律应在允许平行进口的同时，完善对消费者和商标权利人的保护，实行"实质性差异例外"和"独占许可人例外"❶。

综合以上各家观点，我们认为，品牌保护的内容可以分为四个层次：

第一层次是法律保护，它是品牌保护的基础，包括品牌的适当注册、登记、驰名商标申请、侵权诉讼等。

第二层次是经营保护，是指将品牌保护管理纳入企业战略管理高度，包括企业努力获取规模经济，达到市场占有率领先，采取正确的产品线和品牌延伸策略，慎重使用商标许可，谨慎降价，合理合法竞争，以及提高危机管理水平，承担企业社会责任，不断增加品牌资产，全方位提高品牌形象。

第三层次是技术保护，是指以创新为核心，不仅全方位进行企业的知识产权布局（技术创新、专利布局、工艺设计专利申请），而且还积极利用高新技术帮助供应链成员和消费者辨明品牌真伪等。

第四层次是合作保护，企业应该与国际行业协会、竞争者、目的国政府合作，构建保护品牌的关系网络，参与国际技术标准和行业标准的制定。

企业应该针对这四个层次的品牌保护内容，进行相应的战略规划和管理。

第四节　国际化过程中的品牌保护

品牌国际化有四种基本战略：贴牌和创牌、并购、品牌联盟、品牌本土化。我国企业一般先以贴牌（OEM）方式为国外知名品牌代

---

❶ 严桂珍. 论我国对商标平行进口的法律对策：兼评长沙 MICHELIN 牌轮胎平行进口案［J］. 同济大学学报，2012，23（3）：116－124.

工，这仍然是我国大多数中小企业目前品牌国际化的普遍做法。品牌本土化作为品牌国际化的最高阶段，实质上是企业品牌设计、品牌营销和人力资源本土化的综合，涉及企业从跨国公司向全球企业的转变。在目前阶段，我国企业主要还是采取贴牌、创牌、并购、品牌联盟四种方式，因此我们选择这四种目前国内企业主要的品牌战略，从品牌保护管理的四个层次来分别讨论：

对于贴牌战略，1）法律保护：除了制造商故意侵权外，可能会出现委托方故意非法商标侵权，或者委托方授权范围超越权限等法律问题。例如，我国企业出口到美国的产品，因涉嫌侵犯美国知识产权，经常遭遇337调查。因此，企业首先应该在签合同之前，积极开展尽职调查，严格审查委托方是否为合法商标许可人、商标注册等信息，特别是要审查加工产品是否在目的国也拥有商标权，以免出口到目的国遭遇商标侵权的指控。企业应该先签合同后加工，一定要求委托方提供有效的授权证明，并且与委托方签订不侵权担保责任条款。2）经营保护：企业虽然只负责生产加工，但应该具有远大志向，在国内市场取得规模效益，实现市场份额领先，不断提高产品质量，可以考虑创建元器件知名品牌。例如，世界芯片制造商英特尔就是这一战略的成功实施者，任何使用其芯片的企业必须在其产品上标注英特尔商标。3）技术保护：这个阶段，企业难以掌握核心技术，但仍应积极进行技术创新，特别是可以申请发明专利、外观设计专利，做好技术诀窍的保密工作等，进行知识产权资产的积累。4）合作保护：由于贴牌是品牌国际化的初级阶段，所以企业应该提高警惕，尽量避免商标欺诈，避免法律纠纷；国内代工企业应该联合起来积极应对反倾销诉讼。

对于创牌战略，1）法律保护：企业预先应该进行全球性商标检索，要采用高科技手段设计商标。商标注册是保护商标的基础和前提，注册要类别多样化、地域国际化，还要注册防御商标、域名注册以及做好注册后的保护工作。实力雄厚的企业应该在所有国家进行覆盖式注册，或利用马德里体系或其他商标联盟进行注册。这个阶段，特别在发展中国家，假冒商标、反向混淆以及平行进口等侵权问题可能出现。企业必须采取相应的行政或海关保护措施。2）经营保护：很多企业在品牌国际化的过程中，都不得不重新命名，这需要充分调研后确定新的品牌名称。企业首先应该在内部营销，将品牌精神、员工、企业文化关联起来，这是品牌资产创建的基础。品牌延伸时注意不要淡化商标，所谓淡化，是指减少、削弱驰名商标或其他具有相当知名度的商标的识别性和显著性，损害、玷污其商誉的行为。而且，我国企业在国际市场中必须努力提高危机管理水平，通过立体和全面的品牌监控体系，防止负面消息对品牌的损害。3）技术保护：企业创立品牌应该建立在知识产权布局的基础之上，相应地形成其商标组合规划。另外，这个阶段，企业应该积极利用高新技术来帮助自身品牌战胜假冒或近似产品。4）合作保护：我国企业要与世界一流机构，包括各种中介服务机构建立合作关系，从而实现知名品牌的创建。

对于并购品牌战略，1）法律保护：必须对并购中的商标权进行合理的评估，了解该商标真实的市场价值，尽量降低并购成本。关于并购过程中的商标转让、授权、使用等条款，需要在并购合同中详细说明。2）经营保护：并购品牌需要在不同品牌之间形成互补和区别，合理分配资源，更好地满足不同目标市场的需要。3）技术保护：这种战略应该充分利用被兼并品牌的技术专利，更好地进行企业的知识产权布局。4）合作保护：由于并购一般会引起东道国政府和工会的关注，所以一定要处理好与它们之间的关系，满足不同利益相关者的需求，更好地实现资源整合和绩效提升。

对于品牌联盟战略，1）法律保护：必须在合约中事先约定其中的商标权益，以免产生纠纷。避免商标被合作对手抢注，特别是要避免外国企业淡化我国企业商标的行为。另外，还要防范平行进口的问题。2）经营保护：通过与合作方共同开发市场，共同分享收益，但是这个过程中，要注意企业商誉、商号和商标的区别和保护，应该注重企业长期竞争优势的构建。3）技术保护：应该注意技术学习和创新，争取与合作方一起形成和制定行业技术标准。4）合作保护：除了品牌联盟之外，企业应该更加开放，与不同层次成员合作，这是有效规避贸易壁垒的重要举措。

关于品牌国际化的研究，包括标准化和本土化的争议、品牌国际化进程中的组织架构、国际市场消费者对品牌的认知，也涉及在知识产权理论范围内的品牌创新和保护问题，强调企业应将知识产权保护提升到战略管理的高度，以保持技术领先、实现品牌保护，并在产业标准方面占据优势地位❶。

目前的研究大都是从法学的角度出发，注重对商标注册和侵权的研究，缺乏对品牌保护管理的整体认识，对具体内容和方法不太了解，只限于企业法律部门的应用，极大地忽略了品牌保护管理的战略意义。在纷繁复杂的国际环境中，品牌保护管理是我国企业国际化进程是否能够扩大广度、拓展深度、塑造世界名牌的关键。因此，本书以品牌保护管理为主线，通过查阅大量案例和文献，从品牌国际化、品牌保护管理、商标保护等方面进行分析和总结，构建了企业国际化进程的品牌保护管理框架，为我国企业的品牌国际化进程提供建议和参考。

与品牌管理研究的丰硕成果相比，品牌国际化还是一个刚刚起步的研究领域，很少有针对品牌国际化进程中的保护管理进行的研究，一方面，反映了企业品牌保护观念淡薄；另一方面，即使随着企业保护意识的增强，我们仍然缺乏有效的框架和手段来进行品牌保护。目前，品牌保护的研究大都从商标保护的角度出发，主要关注具体的法律诉讼问题，缺乏考虑品牌国际化背景下，将商标保护融合到企业品牌保护管理的思路和方法。

基于对品牌保护、商标保护研究成果的梳理和总结，结合我国现阶段品牌国际化四种重要的品牌战略，我们分别讨论了不同战略下的四个层次的品牌保护管理内容。我们发现，品牌国际化过程中的品牌保护管理的核心是基于技术创新的品牌管理。创新是最好的防御和保护。品牌是企业创新能力的载体。没有时尚设计和卓越性能，品牌即使有高的知名度，也不可能有高的忠诚度。因此，法律保护、经营保护、技术保护、合作保护这四个层次之中，应该将技术保护放在首要

---

❶ 韩中和. 品牌国际化研究述评 [J]. 外国经济与管理, 2008, 30 (12): 32 - 38.

位置，其他三个层面相辅相成，一起构筑起世界知名品牌建设的屏障。

目前，我国企业的商标保护意识已经显著提高，但是品牌保护管理没有纳入企业战略管理的高度，比较零散，散布于不同职能部门，但诚如上文所述，必须有一个专门负责统筹协调各部分合作的品牌保护机构，才能在复杂多变的国际环境中为企业品牌建设保驾护航。新技术的发展对品牌国际化过程中的保护管理影响深远，企业还必须形成学习型组织，对各种新兴技术的正负面影响有所准备，利用它们帮助企业加快世界知名品牌的建设。

我国政府的商标战略是以提升企业商标注册、运用、保护和管理能力为目标的国家战略，它在培育我国自主品牌和国际知名商标方面起到了有力的推动作用。例如，为了应对国际金融危机对我国企业海外运营的挑战，国家工商行政管理总局采取了多项行之有效的措施。政府还可以加强以下方面的工作：首先，为品牌国际化营造良好的国内环境，加强国内假冒和近似品牌侵权的治理，这直接影响着企业品牌能否奠定在国际市场竞争的基础；其次，应该加强企业文化建设和人才培训的引导，帮助企业塑造具有我国文化内涵的自主品牌；最后，政府应该积极鼓励行业协会的发展，让我国企业能够学会在合作中一起拓展海外市场，在合作中实现共赢，在合作中实现中国品牌的飞跃。

课程项目

1. 以小组为单位，根据品牌国际化的四种不同战略，选择其一进行调查，以某一个或某一类公司为例，分析该企业品牌国际化过程中的品牌保护的策略和方法，从而提出建议和启示。

2. 世界500强的企业，大都在品牌保护方面卓有成效，请以小组为单位，搜集、整理和分析最新资料，以某一个企业为例，总结其品牌保护方面的经验或教训。

参考文献

[1] 科特勒，等. 市场营销原理［M］. 2版. 北京：机械工业出版社，2012.

[2] 梁东，连漪. 品牌管理［M］. 北京：高等教育出版社，2012.

[3] 沈铖，刘晓峰. 品牌管理［M］. 北京：机械工业出版社，2009.

[4] 苏勇，等. 品牌管理［M］. 北京：机械工业出版社，2017.

[5] 王海忠. 高级品牌管理［M］. 北京：清华大学出版社，2014.

[6] 黄静. 品牌营销［M］. 2版. 北京：北京大学出版社，2014.

[7] 里斯，特劳特. 定位：有史以来对美国营销影响最大的观念［M］. 北京：机械工业出版社，2015.

[8] 李杰. 品牌审美与管理［M］. 北京：机械工业出版社，2014.

第二部分

知识产权保护

第九章　知识产权概述

开篇案例：抗枯萎病的野生水稻和抗艾滋病的树[1]

Oryza Longistaminata 是生长在马里的野生水稻，当地农民认为它是野草，但游移的 Bela 部落却具有关于其农业价值的详细知识：Oryza Longistaminata 对水稻枯萎病等疾病具有更强的抵抗能力。依据这种传统知识，研究人员随即分离并克隆了基因 Xa21，使水稻具有了这种抵抗能力。当加利福尼亚大学将这一基因分离出来并申请专利时，签订了一项协议，规定和资源国分享利益。使用传统知识方面，世界知识产权组织已与 Bela 部落及农业部族就开展个案研究问题进行了磋商。

Prostratin 是从萨摩亚当地的 mamala 树（homal anthus nuntans）提取的一种抗艾滋病化合物，它可以将 HIV 病毒"赶"出其在人体的藏身之处，这样就可以用抗逆转录病毒药物来攻击它。这种树被用作医疗用途，树皮被传统药物使用者用于治疗肝炎。这一传统知识能引导研究者开发出更具有价值的医疗化合物。据报道，开发 Prostratin 所获得的收入将与此化合物发现地的村民和帮助找到此化合物的传统药物使用者家庭分享。由此获得的收入将被用于进一步研究 HIV 病毒。

思考和讨论：

1. 遗传资源和传统知识的利用已经引起世界关注，如何解决让传统知识的提供者能够共享收益问题？

2. 中国作为遗传资源大国，你知道中国有哪些遗传资源？

---

[1] 资料来源：世界知识产权组织第 769 号出版物。

第一节　知识产权的概念和法律特征

一、知识产权的概念和类型

（一）知识产权的概念

知识产权（Intellectual Property rights）是指法律所赋予的权利人对其创造性的智力成果所享有的专有权利。所有的知识产权都是人类思维或创造的结晶，但必须达到一定标准，才能称之为知识产权及其可保护的产品或信息。有学者考证，该词最早于17世纪中叶由法国学者卡普佐夫提出，后为比利时著名法学家皮卡第所发展，皮卡第将之定义为"一切来自知识活动的权利"。因为知识产权制度是从西方引进的，所以知识产权的相关词语也都是翻译过来的。这里要界定一下两个术语的基本含义："Intellectual Property"（知识财产）与"Intellectual Property rights"（知识产权），前者是知识产权的对象，如作品、发明、设计、商标等，后者则是指权利本身，如著作权、专利权、商标权等[1]。

知识产权是法律的一个分支，过去人们认为它是一种工业产权，包括对概念、发明、创意及其他可获得专利或应给予保护的信息和产品的保护。但随着时间的推移，在生物技术和计算机工业革命的推动下，知识产权已发展成为一个独立的法律范畴，成为真正意义上的部门法，具有一套自己的法规和政策，且进一步分化为不同领域的工业产权。

（二）知识产权的类型

知识产权最常见的传统分类是分成工业产权（Industrial Property）和版权（Copy Right）两大部分。工业产权中的"工业"二字应做广

---

[1] 金海军. 知识产权的界限划在哪里？——《知识产权法的经济结构》再读记［J］. 电子知识产权，2005（12）：50–55.

义理解，不仅包括狭义的工业制造业，还包括商业、林业、农业、采掘业等各个产业部门，所以有人主张，"工业产权"，应为"产业产权"更为严格，包括专利权、商标权和制止不正当竞争权。版权又叫著作权，保护的内容为具有智力创作内容的作品，如小说、音乐、绘画等。广义的版权包括邻接权（Neighboring Rights），是传播各类作品的传播者所享有的权利。

按照内容组成，知识产权由人身权利和财产权利两部分构成，也称之为精神权利和经济权利。人身权利是指权利同取得智力成果的人的人身不可分离，是人身关系在法律上的反映。例如，作者在其作品上署名的权利，或对其作品的发表权、修改权等，即为精神权利；财产权利是指智力成果被法律承认以后，权利人可利用这些智力成果取得报酬或者得到奖励的权利，这种权利也称之为经济权利。它是指智力创造性劳动取得的成果，并且是由智力劳动者对其成果依法享有的一种权利。

现代国际上对知识产权多做广义的理解，如WTO所达成的TRIPS协议规定，知识产权的范围包括：

（1）Copyright and Related Rights，版权及相关权利。

（2）Trademarks，商标。

（3）Geographical Indications，地理标志。

（4）Industrial Designs，工业设计。

（5）Patents，专利。

（6）Layout-Designs（Topographies）of Integrated Circuits，集成电路的布图设计。

（7）Protection of Undisclosed Information，未披露信息的保护。

TRIPS协议对知识产权的界定范围更加明确，更适合现代社会的需要，其充分考虑了现代信息技术的发展，将集成电路的布图设计纳入知识产权范围，又明确提出了对未公开的信息给予知识产权保护。随着经济发展和技术的进步，知识产权的内容、受保护客体的范围，也同样在发展变化、与时俱进，所以很难说知识产权的范围至今已经"固定（fixed）"，它是一个开放发展的概念，随着科技的发展其内涵不断丰富。

二、知识产权的法律特点

知识产权作为一种特殊的财产权，具有不同于普通物质财产权的显著的法律特征。

1. 无形性（Intangibility）

知识产权的客体是一种方法、图案或思想等，不具有一定形状，也不占有固定空间，是无形的，其权利的载体却是一般有形的物体。知识产权的无形性并不是说知识产权像空气一样，看不见，摸不着，而是说权利和权利的载体可以分离，而一般有形物品的财产权与其载体是不能分离的，财产转移，权利也一起转移，财产不存在，权利也随之消失。

2. 专有性（Exclusivity）

知识产权的专有性，是指知识产权所有人对其知识产权具有独占性。知识产权的专有性主要表现在两个方面：

（1）知识产权所有人独占地享有其权利，这种权利受到法律保护。

（2）同样的智力成果只能有一个成为知识产权保护的对象，而不允许有两个或两个以上的同一属性的知识产权同时并存。专有性也称为排他性，指权利人对其智力成果享有垄断性的专有权，非经权利人同意或法律规定之外，其他任何人均不得享有或使用这项权利。专有权是知识产权最基本的法律特征，也是知识产权制度存在的保证和发展的动力。

3. 地域性（Territorial）

地域性是指知识产权的权利在地理范围上有一定的限制，知识产权只在授予权利的国家和地区有效，在这个国家或地区之外，原来的权利消失。权利在地域范围的有效性，就是知识产权的地域性。

4. 时间性（Duration）

时间性是指知识产权的权利有时间限制，超过了法律规定时间，知识产权的权利就会消失，知识产权就进入共有领域，成为社会公共财产，任何人都可以使用。而有形的财产权利却不具有时间限制，只要权利客体存在，其权利就不会消失。

三、知识产权的起源和发展

知识产权并非起源于任何一种民事权利，也并非起源于任何一种财产权。它起源于封建社会的"特权"。这种特权，或由君主个人授予，或由封建国家授予，或由代表君主的地方官授予。这一起源，不仅决定了知识产权（指传统范围的专利权、商标权、版权）的地域性特点，而且也决定了"君主对思想的控制"、对经济利益的控制或国家以某种形式从事的垄断经营等。知识产权正是在这种看起来完全不符合"私权"原则的环境下产生的，进而逐渐演变为今天绝大多数国家普遍承认的一种私权，一种民事权利。与一般民事权利一样，知识产权也有与之相应的受保护主体与客体。发明人、专利权人、注册商标所有人、作家、艺术家、表演者等是相应的主体。新的技术方案、商标标识、文字著作、音乐、美术作品、计算机软件等，是相应的客体。在这里，专利权与商业秘密专有权的主体与客体有相当大一部分是重叠的。发明人开发出新的技术方案后，既可以通过向行政主管部门申请专利，公开发明，从而获得专利权，也可以自己通过保密而享有实际上的专有权。就是说，技术方案的所有人可以选择专利的保护途径，也可以选择商业秘密的保护途径。

与大多数民事权利不同的是，知识产权的出现，大大晚于其他民事权利。恩格斯认为，大多数民事权利，早在奴隶制的罗马帝国时代，就已经基本成型。而工业产权，则只是在商品经济、市场经济发展起来的近代才产生的。版权，则是随着印刷技术的发展才产生的，又随着其后不断开发的录音、录像、广播等新技术的发展而逐步发展的。商业秘密被列为财产权（亦即知识产权）中的一项，也只是在世界贸易组织成立之后。而随着信息时代的发展，集成电路的布图设计和地理标志也成为知识产权保护的客体。知识产权的内容是个开放的概念，随着时代的发展，要不断产生新的客体，不断出现新的保护对象，知识产权保护范围也是在不断发展变化的。

第二节　遗传资源和传统知识的保护[1]

遗传资源和传统知识作为信息资产，应受到知识产权法律制度的保护。《生物多样性公约》从生物多样性保护的角度，提出了许多遗传资源和传统知识产权保护的措施，触及现代知识产权法律制度的缺失。遗传资源和传统知识，属于进入公有领域的一种群体性权利，具有共同遗产性、生态性、公有性等特性。现代知识产权以商业化操作为目的，要求知识产权具有创新性、实用性等特征。在现行知识产权保护机制及社会价值观的影响下，遗传资源和生物多样性的法律保护明显不足。传统知识持有人正在探索如何利用知识产权制度来保护他们的利益，以确保他们的知识、文化作品以及显著性标志和符号受到保护，不被人盗用。

一、遗传资源的界定

《生物多样性公约》（1992）第2条将"遗传资源"定义为：具有现实或潜在价值的遗传材料。遗传资源是指来自植物、动物、微生物或其他来源的具有实际或者潜在价值的任何含有遗传功能单位的材料。由于传统工业社会的发展模式面临着资源枯竭的危险，现在人们越来越重视对生物资源的开发利用，"遗传资源"是一种可持续利用，并有利于维护生态平衡的生物资源，其价值非同一般。

遗传资源和传统知识是密切关联的信息资产，对有关传统知识的保护也是对遗传资源的保护。遗传资源可以为越来越广泛的技术和工业领域中的新产品的研发提供重要来源。获取遗传资源方面的条款与条件、征得遗传资源提供者的事先知情同意以及随后为共享使用和开发遗传资源所产生的利益所做的安排等，都是关键问题。

---

[1] 世界知识产权组织：知识产权与传统文化表现形式/民间文学艺术 WIPO sectarian：Intellectual Property Needs and Expectations of Traditional Knowledge Holders；WIPO Report on Fact-finding Missions on Intellectual Property and Traditional Knowledge (1998—1999)。

二、传统知识的界定

传统知识泛指在工业、科学、文学或艺术领域开展智力活动所做出的基于传统的创新和创造。传统知识国际上尚无统一定义,没有一个单一的定义能充分包含传统社会拥有的多样化知识形式。世界知识产权组织(WIPO)在2004年把传统知识和民间文学加以区分,把传统知识定义为传统部族千百年来在生产生活实践中创造出来的知识、技术、诀窍和经验的总和。这些知识被称为"传统"知识,并不是因为其古老,而是因为这是一种与某一社会具有传统联系的知识,它在一个传统社会产生、延续、代代相传,有时是通过知识传递的特定习惯性体制传承。土著和地方社会将传统知识视为其文化身份或者是精神特征的一部分。要保护传统知识本身,还要保护将传统知识作为其一部分的社会和自然环境。

传统知识实例:1)泰国传统疗伤者用plao-noi治疗溃疡;2)桑人外出打猎时食用hoodia仙人掌充饥;3)用传统水利系统进行可持续性灌溉,如在阿曼和也门用aflaj水渠灌溉系统,在伊朗用卡纳特暗渠灌溉系统;4)西亚马逊地区的土著疗伤者用ayahuasca藤制作各种药物,这些药物具有神圣的色彩。

传统知识在当代也具有非常重要的活力,传统知识是非常有实用价值的,可以直接或间接更广泛地为社会带来利益。可以找到许多重要技术来源于传统知识的例子。传统知识持有人面临的挑战是:一,一些情况下,由于社会文化的生存受到威胁,这类知识的生存也就岌岌可危,需要对传统知识进行保护;二,当其他人试图从传统知识获益时,特别是为了工业或商业利益,传统知识持有人的作用和贡献并没有得到承认和尊重。这就提出了保护传统知识不被滥用、事先知情同意以及公平分享利益的必要性等问题。另外还要解决传统知识保护和有关资源利益分享国际层面的问题,这就需要许多国际机构共同参与,协调解决。

三、传统知识的法律保护

传统知识的保护,对于各国各民族都是非常重要的,特别是对于发展中国家和最不发达国家。首先,传统知识在这些国家的经济和社会生活中起着重要的作用。其次,发展中国家正在实施的一些国际协定可能会影响与利用遗传资源有关的知识的保护和传播,影响国家利益的保护。要实现传统知识的保护,某种程度的国际协作是必不可少的。在目前,国家法律是保护传统知识持有人实际利益的首要机制。

(一)保护的形式

1. 积极的保护

给传统知识持有人以权利,使其能够针对滥用传统知识的某些形式采取行动或寻求补救办法。传统知识的积极保护可选择的途径包括现行的知识产权法和其他法律体系(包括反不正当竞争法),以及新制定的赋予传统知识以权利的独立的特别体制。其他非知识产权的保护途径可以成为总的安排的组成部分,包括贸易惯例、标示法、民事责任法、合同法、遗传资源和相关传统知识的使用规则。

(1)通过专门措施对现有知识产权加以调整。一些国家借助有关传统知识保护的专门措施修订了现有的知识产权制度。在美国,有关美国土著部落正式徽记的数据库阻止他人将这些徽记注册为商标。新西兰修订了其商标法以排除那些侵犯他人的商标,这一举措特别适用于保护土著毛利人使用的标记。中国国家知识产权局有一支由中医领域的专家组成的专利审查人员小组,专门负责审查将传统中药进行革新的专利申请;2001年,中国对中医领域的革新授予了3300项专利。

(2)使用专门的专有权。有些国家认为修改现有的知识产权制度仍不足以适应传统知识整体的特点,所以决定利用专门权利保护传统知识。只有将知识产权制度的一些特征加以修改,才能使其成为一项专门权利制度,能够适应传统知识的特点,并满足制定建立特别制度的特殊政策需要。秘鲁的特别权利制度是由2002年27.811号法建立起来的,对土著人民的与生物资源相关的集体知识予以保护;其目的在于保护传统知识，促进公正、公平的利益分配，确保传统知识使用时事先经过土著人民的知情、同意，以防止传统知识的非法使用。哥斯达黎加的 7788 号生物多样性法所涉及的问题是对传统知识的使用管制，该法律规定向传统知识持有人提供传统知识使用收益的公平分配。

2. 防御性的保护

防止他人得到对于传统知识的不合法知识产权。人们采取了一系列措施对传统知识进行防御性保护，以阻止第三方利用无效的知识产权获得并使用传统知识。防御性保护能有效阻止不正当知识产权，但这并不阻止人们积极使用和利用传统知识。因此，采取保护措施时需要从正反两方面考虑，不仅有防御性保护，也要有积极的保护。例如：公布传统知识可以阻止他人申请有关此知识的专利，但这种防御性保护也会使这项传统知识更容易为他人得到并且公之于众，因而第三方反而可以更方便地使用到这项传统知识，这就违背了持有人的初衷。防御性保护措施的重点在于专利制度，其目的是确保现存的传统知识不被第三方申请为专利。这样，在审查一项专利是否具有新颖性和独创性时，就需要将相关的传统知识全部考虑在内。某项专利在提交申请之前，如果与此相关的传统知识已经在期刊上出版，那么，它就是"现有技术"，此专利申请就无效。传统知识的防御性保护措施包括以下两个层面：一是法律层面：如何确保对相关现有技术标准的定义适用于这种传统知识（包括口头传播的信息）；二是实践层面：如何确保传统知识能被查找机构和专利审查者随时查找并立即能使用（确保为其制定索引并分类）。

（二）保护传统知识的两个法律概念

（1）事先知情同意：依据事前知情同意原则，第三方使用传统知识之前，须与传统知识持有人进行充分协商，并以适当的条件与其达成协议。同时，持有人有权充分了解此传统知识的使用可能产生的结果。——《生物多样化公约》第 12 条

（2）利益公平分享：依据这一原则，传统知识持有人可合理分享

到使用此知识时获得的利益,可以是补偿性支付或货币支付之外的其他利益。当专有财产权不宜使用时,利益合理分配原则就显得特别合适。

第三节 植物新品种的保护

一、植物新品种的界定

根据中国1997年颁布的《中华人民共和国植物新品种保护条例》第2条的规定,植物新品种(New varieties of plants),是指经过人工培育的或者对发现的野生植物加以开发,具备新颖性、特异性、一致性和稳定性并有适当命名的植物品种。植物品种权也叫"植物育种者权利"(又称品种权),同专利、商标、著作权一样,是知识产权保护的一种形式。完成育种的单位或者个人对其授权品种享有排他的独占权。任何单位或者个人未经品种权所有人许可,不得以商业目的生产或者销售该授权品种的繁殖材料,不得以商业目的将该授权品种的繁殖材料重复使用于生产另一品种的繁殖材料。

农业植物新品种包括粮食、棉花、油料、麻类、糖料、蔬菜(含西甜瓜)、烟草、桑树、茶树、果树(干果除外)、观赏植物(木本除外)、草类、绿肥、草本药材、食用菌、藻类和橡胶树等植物的新品种。植物的繁殖材料为植物新品种保护的对象。繁殖材料是指整株植物(包括苗木)、种子(包括根、茎、叶、花、果实等)以及构成植物体的任何部分(包括组织、细胞)。

建立有效的植物品种保护制度,目的是鼓励人们开发植物新品种,以造福社会。培育植物新品种需要大量的投资,为育种人提供一种专有权,是对开发农业、园艺和林业等领域植物新品种的一种奖励。

二、植物品种获得保护的条件

根据《植物新品种保护条例》的规定,申请品种权的植物新品种应当属于国家植物品种保护名录中列举的植物的属或者种，还应该具备下列条件：

（1）新颖性，是指申请品种权的植物新品种在申请日前该品种繁殖材料未被销售，或者经育种者许可，在我国境内销售该品种繁殖材料未超过 1 年；在我国境外销售藤本植物、林木、果树和观赏树木品种繁殖材料未超过 6 年，销售其他植物品种繁殖材料未超过 4 年。

（2）特异性，是指申请品种权的植物新品种应当明显区别于在递交申请以前已知的植物品种。

（3）一致性，是指申请品种权的植物新品种经过繁殖，除可以预见的变异外，其相关的特征或者特性保持一致。

（4）稳定性，是指申请品种权的植物新品种经过反复繁殖后或者在特定繁殖周期结束时，其相关的特征或者特性保持不变。

（5）适当的名称，且该名称与相同或者相近的植物属或者种中已知品种的名称相区别。该名称经注册登记后即为该植物新品种的通用名称。

三、植物品种权的权利和期限

（一）品种权人的权利

品种权被授予后，在自初步审查合格公告之日起至被授予品种权之日止的期间，对未经申请人许可，为商业目的生产或者销售该授权品种的繁殖材料的单位和个人，品种权人享有追偿的权利。

根据国际植物新品种保护联盟（International Union for the Protection of New Varieties of Plants，UPOV）公约1991年文本，涉及繁殖材料（用以品种繁殖或复制的种子、植株或部分植株）的下述行为，均需有育种人的事先授权：生产或繁殖；为繁殖目的进行的处理；提供销售；销售或其他营销行为；出口；进口；为上述任一目的进行的储存。

当育种人授权希望使用品种的人从事上述行为时，他可以提出条件，收取许可使用费。比如，当农民购买种子时，种子的价格中已包含该笔许可使用费。

（二）品种权的保护期限

品种权的保护期限，自授权之日起，藤本植物、林木、果树和观赏树木为20年，其他植物为15年。

四、我国植物新品种保护的范围

我国植物新品种保护工作是由国家林业局和农业部两个部门来进行的。根据两部门在植物新品种保护工作上的分工，国家林业局负责林木、竹、木质藤本、木本观赏植物（包括木本花卉）、果树（干果部分）及木本油料、饮料、调料、木本药材等植物新品种保护工作。目前，我国对植物品种权的保护还仅限于植物品种的繁殖材料。对植物育种人权利的保护，保护的对象不是植物品种本身，而是植物育种者应当享有的权利。

五、《国际植物新品种保护公约》

随着现代生物技术的发展，植物新品种对促进农业的发展发挥着越来越重要的作用。国际社会对植物新品种的知识产权保护日益重视。国际上的植物新品种的知识产权保护制度分为专利权保护、品种权保护、专利权保护与品种权保护相结合保护三种基本方式。

早在1961年，一些国家为协调各国保护植物新品种的法律制度，签订了《国际植物新品种保护公约》（International Convention for the Protection of New Varieties of Plants），但公约并未要求缔约方用统一的方式对植物品种进行保护。缔约方可以采用公约规定的专门方式，也可以采用专利方式，或同时采用这两种方式保护植物新品种。但对同一植物的属类或品种只能提供一种方式保护，不能重叠使用这两种方式。大多数国家均选择植物品种权的特别保护体系。但该体系的保护范围仅限于植物品种用于繁殖的部分，该品种的其他部分社会公众仍可以获得，而且该植物品种权还要受到"农民特权"和其他权利的限制。同时由于20世纪80年代兴起的生物技术专利保护，人们普遍认为应加强对育种者权利的保护，要求以专利法取代植物品种专门法的保护。在此背景下，1991年对该公约进行了第三次修订，加大了对植物品种的保护力度，如明确许可缔约方对植物品种提供专利保护，放弃了原先禁止双重保护的立场。

虽然《国际植物新品种保护公约》和TRIPS协议允许成员方采用专利法保护植物新品种，但实践中，大多数国家仍然采用专门法形式来保护植物新品种。在欧洲，虽然大多数国家加入了《国际植物新品种保护公约》，但20世纪70年代中期生效的《欧洲专利公约》和1994年欧洲委员会公布的《共同体植物品种权条例》都明确规定将植物品种排除在专利法保护之外，所以植物品种在欧洲只能受到专门法的保护，不受专利法的保护。

美国是世界上为数不多的对植物品种实行专利保护的国家之一。1930年美国颁布的《植物专利法》，是美国首部也是世界上第一部专门保护有生命体的发明的知识产权法律，该法将植物专利的授权范围界定为"在培育状态下发现并随后得以无性繁殖的植物"。[1] 要求无性繁殖的植物应该具有某种再生能力，有某种稳定性，只适用于无性繁殖的植物。而对于有性繁殖的植物，可以通过1970年颁布的《植物品种保护法》提供保护。1980年，美国迈出了重要一步，美国最高法院通过一个著名案例的裁决（美国联邦最高法院，1980，447 U.S. 303.），开始对无性繁殖的植物和种子植物授予植物实用专利。[2]

植物品种专门法相对于专利法来说，其获得保护的实质条件较为宽松，但从保护力度和范围来看，植物品种专门法则是相对较弱的保护，其受到的限制也多于专利保护。植物品种保护的国际公约，包括TRIPS协议，规定成员方可以根据自身的需要和现实而自由选择对植物品种提供何种形式的法律保护。我国《专利法》第25条规定，植物新品种不属于专利法的保护对象。为了加强对植物新品种的保护，

---

[1] 李菊丹. 美国1930年植物专利法的立法突破及其启示 [J]. 消费导刊, 2010 (1): 135.

[2] 王明远. 美国生物遗传资源获取与惠利分享法律制度介评——以美国国家公园管理为中心 [J]. 环球法律评论, 2008 (4): 100 – 110.

鼓励培育和使用植物新品种，我国于1997年3月20日由国务院发布了《中华人民共和国植物新品种保护条例》（1997年10月1日施行），1999年，我国还加入了《国际植物新品种保护公约》。在我国，专利法明确规定了不对动植物品种授予专利权，原因在于现有的植物品种保护体制更适合中国是一个农业大国的国情；农业生产在国民经济中占有很高的比例，农民阶层的利益及其维护是我国制定植物品种保护，乃至生物工程技术保护的制度设计中必须优先考虑的政策性因素。

课程项目

《中华人民共和国植物新品种保护条例》于1997年10月1日施行，1999年，我国还加入了《国际植物新品种保护公约》。20年来，我国农业植物新品种申请2.6万件、授权1.2万件，2018年申请量位居世界第一，促进了新品种选育推广，推动了现代种业发展，带动了农村发展和农民增收。我国在新品种保护政策法规、技术支撑、维权执法、国际合作方面形成一套行之有效的做法，积累了经验。

思考与讨论：

1. 我国作为一个13多亿人口的大国，植物品种权的保护有何重要意义？育种权对农民有何作用？

2. 讨论袁隆平团队培育的"海水稻"是否符合植物品种权的授权条件。

第十章　版权与相关权的保护

开篇案例：保护金庸作品版权，多地严查盗版案件❶

2018年10月30日，著名作家金庸先生逝世，引发社会各界怀念热潮，盗版金庸作品图书乘机牟利。北京、天津、浙江、河南、河北、广东等地版权执法部门集中查处了多起销售盗版金庸作品图书案件并移送公安机关立案侦查，有效保护了金庸作品版权。其中，北京顺义查获盗版金庸图书18万余册；天津静海查获盗版金庸图书11万余册；浙江杭州查获盗版金庸图书2.7万余册；广东广州查获盗版金庸图书近2万册；河南郑州查获盗版金庸图书1万多册。

思考和讨论：

1. 为什么市场上存在金庸先生的众多盗版书籍？如何解决盗版问题？

2. 同学们是否购买过盗版书籍、光盘？原因是什么？

第一节　版权的概念及内容

一、版权的概念

版权（Copyright）亦称著作权，是指作者对其创作的文学、艺术和科学技术作品所享有的专有权利。版权保护作者的创作成果，这种创作成果通常被称为"作品"。著作权是公民、法人依法享有的一种

---

❶ 中国知识产权网. 国家版权局发布2018年中国版权十件大事［EB/OL］.（2019 - 03 - 18）http：//www.cnipr.com/sj/zc/zcfb/201903/t20190318_231622.html.

民事权利，属于无形财产权。

版权是一种特殊的民事权利。它与工业产权构成知识产权的主要内容。在广义上，它也包括法律赋予表演者、音像制作者、广播电台、电视台或出版者对其表演活动、音像制品、广播电视节目或版式设计的与著作权有关的权利。

版权也是一种内容不断发展的权利。在世界各国，版权包含的内容并不是永远固定不变的，而是随着社会文明的不断发展和使用作品的新技术的不断产生，也在得到不断的发展和补充。总之，作者享有版权不会影响作品的传播。

著作权法所称的作品，包括以下列形式创作的文学、艺术和自然科学、社会科学、工程技术等作品：

（1）文字作品。

（2）口述作品。

（3）音乐、戏剧、曲艺、舞蹈、杂技艺术作品。

（4）美术、建筑作品。

（5）摄影作品。

（6）电影作品和以类似摄制电影的方法创作的作品。

（7）工程设计图、产品设计图、地图、示意图等图形作品和模型作品。

（8）计算机软件。

（9）法律、行政法规规定的其他作品。

不受著作权法保护或不适用于著作权法的作品包括：

（1）依法禁止出版、传播的作品。

（2）法律、法规，国家机关的决议、决定、命令和其他具有立法、行政、司法性质的文件及其官方正式译文。

（3）时事新闻。

（4）历法、通用数表、通用表格和公式。

不过，版权并不保护思想，仅保护思想的表达。比如，拍摄一幅日落的照片这一想法不会受到版权的保护。所以，任何人都可以拍这样的照片。但是某摄影者拍摄的日落照片却可以受到版权的保护。在这种情况下，如果有人制作了这张照片的复制品，并且在没有获得摄影者同意的情况下销售这些复制品，这个人就侵犯了这位摄影者的权利。

版权保护是自动的，完全不必注册，也不需要履行其他手续。作品一旦被创作出来就可以受到版权保护。但是，许多国家都有自愿登记和交存作品的制度。这些制度可协助解决有关所有权或创作作品、金融交易、销售、权利的转移和转让的争议。

二、版权的内容

版权包括两种权利：精神权，强调作者与作品之间的联系；经济权，可以使权利人从作品的使用或利用中获得报酬。

（一）版权的精神权

精神权利又称人身权，具体包括：

（1）发表权，即决定作品是否公之于众的权利。

（2）署名权，即表明作者身份，在作品上署名的权利。

（3）修改权，即修改或者授权他人修改作品的权利。

（4）保护作品完整权，即保护作品不受歪曲、篡改的权利。

精神权的署名权基本上是指创作者的名字被作为作者提及的权利，特别是在其作品被使用的时候。保护作品完整权是指作者有权反对他人修改自己的作品，或反对在有可能损害自己名声或荣誉的情况下使用自己的作品。

（二）经济权利

经济权利又称财产权，包括：

（1）复制权，即以印刷、复印、拓印、录音、录像、翻录、翻拍等方式将作品制作一份或者多份的权利。

（2）发行权，即以出售或者赠与方式向公众提供作品的原件或者复制件的权利。

（3）出租权，即有偿许可他人临时使用电影作品和以类似摄制电影的方法创作的作品、计算机软件的权利，计算机软件不是出租的主要标的的除外。

（4）展览权，即公开陈列美术作品、摄影作品的原件或者复制件的权利。

（5）表演权，即公开表演作品，以及用各种手段公开播送作品的表演的权利。

（6）放映权，即通过放映机、幻灯机等技术设备公开再现美术、摄影、电影和以类似摄制电影的方法创作的作品等的权利。

（7）广播权，即以无线方式公开广播或者传播作品，以有线传播或者转播的方式向公众传播广播的作品，以及通过扩音器或者其他传送符号、声音、图像的类似工具向公众传播广播的作品的权利。

（8）信息网络传播权，即以有线或者无线方式向公众提供作品，使公众可以在其个人选定的时间和地点获得作品的权利。

（9）摄制权，即以摄制电影或者以类似摄制电影的方法将作品固定在载体上的权利。

（10）改编权，即改变作品，创作出具有独创性的新作品的权利。

（11）翻译权，即将作品从一种语言文字转换成另一种语言文字的权利。

（12）汇编权，即将作品或者作品的片段通过选择或者编排，汇集成新作品的权利。

（13）应当由著作权人享有的其他权利。

经济权允许作品的创作者以他们认为适当的方式使用自己的作品。由于近年来国际形势的发展，作品在因特网上也受到保护。1996年缔结的《世界知识产权组织版权条约》（WCT）对当今的数字技术带来的挑战做出应对，可以确保版权权利人在其作品通过因特网之类的新技术和通信方式被人传播时得到适当而有效的保护。

三、版权的保护期

（1）作者的署名权、修改权、保护作品完整权等人身权的保护期不受限制。

（2）公民的作品，其发表权和著作权法规定的13项财产权的保护期为作者终生及其死亡后 50 年，截至作者死亡后第 50 年的 12 月 31 日；如果是合作作品，截至最后死亡的作者死亡后第 50 年的 12 月 31 日。

（3）法人或者其他组织的作品、著作权（署名权除外）由法人或者其他组织享有的职务作品，其发表权和著作权法规定的 13 项财产权的保护期为 50 年，截至作品首次发表后第 50 年的 12 月 31 日，但作品自创作完成后 50 年内未发表的，本法不再保护。

（4）电影作品和以类似摄制电影的方法创作的作品、摄影作品，其发表权和著作权法规定的 13 项财产权的保护期为 50 年，截至作品首次发表后第 50 年的 12 月 31 日，但作品自创作完成后 50 年内未发表的，著作权法不再保护。

版权的时间限制通常是作者有生之年加作者死亡之后 50 年。这一规定为大多数国家所遵从，并已在《保护文学和艺术作品伯尔尼公约》中被确定下来。一旦保护期终止，作品就进入"公有领域"。此后，任何人都可自由使用该作品，而无须获得版权权利人的专门授权。

然而，《伯尔尼公约》也准许规定更长的保护期。如欲了解作品在某一国家所适用的保护期，最好查阅该国的版权法律。如德国版权法规定德国版权保护期是作者有生之年加作者死后 70 年。

第二节　版权的保护和限制

一、版权的保护

版权通过对作者的劳动加以承认并给予公平的经济报酬的形式，奖励创作者，从而促进人类的创造性活动。这种权利制度可以确保创作者的作品在传播时无未经授权被复制或盗版之虞。反过来，这也有助于作品的传播，可以促进世界各地对文化、知识和娱乐产品的享用。

实践证明，版权保护是促进社会发展的一个重要因素。一个国家的智力创作成果数量的多少和质量的高低很大程度上与这个国家版权保护的水平有关。版权保护不但是一个国家社会经济和文化发展的基本先决条件，而且成为影响国际经济与贸易交往、科技文化交流的一个关键环节。[1]

二、权利的利用

受版权保护的许多创造性作品在制作、传播或向大众发行时，都需要财政投资并有专业技巧才能完成。出版书籍、录音或制作影片等活动通常是由专门的商业组织或公司来进行的，而不是由作者本人直接进行的。通常，作者和创作者会通过签订合同协议的形式，将权利转让给这些公司，以获得报酬。报酬的形式多样，可以一次性支付，也可以按比例从作品所创造的利润中收取一定的版税。

许多作者没有亲自管理版权的能力或手段，所以他们通常会加入具有管理和法律知识的集体管理组织或协会，这些集体管理组织或协会可以代表会员收取、管理并分配版税。版税是从会员的作品被国内外广播组织、迪斯科舞厅、饭店、图书馆、大学和中小学等机构大规模使用当中收取的。

著作权许可使用合同应该包括下列主要内容：

（1）许可使用的权利种类。
（2）许可使用的权利是专有使用权或者非专有使用权。
（3）许可使用的地域范围、期间。
（4）付酬标准和办法。
（5）违约责任。
（6）双方认为需要约定的其他内容。

三、版权的集体管理

《著作权集体管理条例》第4条规定，著作权法规定的权利人自己难以有效行使的权利，可以由著作权集体管理组织进行集体管理。

---

[1] 苏敬勤，冯欲杰．世界知识产权保护与国际技术贸易［M］．大连：大连理工大学出版社，1998．

针对文字著作权管理协会而言，主要进行集体管理的权利包括复制权、表演权、信息网络传播权和汇编权，协会首先要解决网站转载、数字图书馆、电子音像出版社制作已出版图书的光盘、手机下载小说、动漫等行为的著作权使用的付费问题。文字作品将会涉及大量作品和作者，因此在管理上必须采用现代化的信息手段。

四、权利的限制

考虑到社会、教育及其他公共政策的需要，版权也有一些限制与例外。国际条约以及国家法律都规定，为某些目的，如新闻报道、符合公平原则的引用或教学讲解等，可以自由使用作品的有限部分。

关于自由使用的规定，各国之间可能互不相同，如涉及此问题，最好查阅相关国家的法律，以核实是否有自由使用的可能。《中华人民共和国著作权法》对版权的限制有以下规定。

1. 合理使用

合理使用是指为了扩大作品的广泛传播，在著作权法规定的某些情况下使用作品时，可以不经著作权人许可，不向其支付报酬，但应当指明作者姓名、作品名称，并且不得侵犯著作权人依照著作权法享有的其他权利。这是法律规定的对著作权的一种限制情况。著作权法规定的"合理使用"包括以下几种情形：

（1）为个人学习、研究或者欣赏，使用他人已经发表的作品。

（2）为介绍、评论某一作品或者说明某一问题，在作品中适当引用他人已经发表的作品。

（3）为报道时事新闻，在报纸、期刊、广播电台、电视台等媒体中不可避免地再现或者引用已经发表的作品。

（4）报纸、期刊、广播电台、电视台等媒体刊登或者播放其他报纸、期刊、广播电台、电视台等媒体已经发表的关于政治、经济、宗教问题的时事性文章，但作者声明不许刊登、播放的除外。

（5）报纸、期刊、广播电台、电视台等媒体刊登或者播放在公众集会上发表的讲话，但作者声明不许刊登、播放的除外。

（6）为学校课堂教学或者科学研究，翻译或者少量复制已经发表的作品，供教学或者科研人员使用，但不得出版发行。

（7）国家机关为执行公务在合理范围内使用已经发表的作品。

（8）图书馆、档案馆、纪念馆、博物馆、美术馆等为陈列或者保存版本的需要，复制本馆收藏的作品。

（9）免费表演已经发表的作品，该表演未向公众收取费用，也未向表演者支付报酬。

（10）对设置或者陈列在室外公共场所的艺术作品进行临摹、绘画、摄影、录像。

（11）将中国公民、法人或者其他组织已经发表的以汉语言文字创作的作品翻译成少数民族语言文字作品在国内出版发行。

（12）将已经发表的作品改成盲文出版。

上述规定适用于对出版者、表演者、录音录像制作者、广播电台、电视台的权利的限制。

2. 法定许可

法定许可是指按照法律的规定，可以不经作者或其他著作权人同意而使用其已发表的作品。法定许可是对著作权的一种限制。根据法定许可使用他人作品时，应当按照规定，向作者或其他著作权人支付报酬，并应当注明作者姓名、作品名称和出处。

"法定许可"有以下几种情况：

（1）为实施九年制义务教育和国家教育规划而编写出版教科书，除作者事先声明不许使用的外，可以不经著作权人许可，在教科书中汇编已经发表的作品片段或者短小的文字作品、音乐作品或者单幅的美术作品、摄影作品，但应当按照规定支付报酬，指明作者姓名、作品名称，并且不得侵犯著作权人依照著作权法享有的其他权利。

（2）作品在报刊刊登后，除著作权人声明不得转载、摘编的外，其他报刊可以转载或者作为文摘、资料刊登。

（3）录音制作者使用他人已经合法录制为录音制品的音乐作品制作录音制品，可以不经著作权人许可，但应当按照规定支付报酬，著作权人声明不许使用的不得使用。

（4）广播电台、电视台播放他人已发表的作品。

（5）广播电台、电视台播放已经出版的录音制品，可以不经著作权人许可，但应当支付报酬，当事人另有约定的除外。

第三节　侵权及处理

一、侵权责任

1. 有下列侵权行为的，应当根据情况，承担停止侵害、消除影响、公开赔礼道歉、赔偿损失等民事责任：

（1）未经著作权人许可，发表其作品的。

（2）未经合作作者许可，将与他人合作创作的作品当作自己单独创作的作品发表的。

（3）没有参加创作，为谋取个人名利，在他人作品上署名的。

（4）歪曲、篡改他人作品的。

（5）剽窃他人作品的。

（6）未经著作权人许可，以展览、摄制电影和以类似摄制电影的方法使用作品，或者以改编、翻译、注释等方式使用作品的，本法另有规定的除外。

（7）使用他人作品，应当支付报酬而未支付的。

（8）未经电影作品和以类似摄制电影的方法创作的作品、计算机软件、录音录像制品的著作权人或者与著作权有关的权利人许可，出租其作品或者录音录像制品的，本法另有规定的除外。

（9）未经出版者许可，使用其出版的图书、期刊的版式设计的。

（10）未经表演者许可，从现场直播或者公开传送其现场表演，或者录制其表演的。

（11）其他侵犯著作权以及与著作权有关的权益的行为。

2. 有下列侵权行为的，应当根据情况，承担停止侵害、消除影响、赔礼道歉、赔偿损失等民事责任；同时损害公共利益的，可以由著作权行政管理部门责令停止侵权行为，没收违法所得，没收、销毁侵权复制品，并可处以罚款；情节严重的，著作权行政管理部门还可以没收主要用于制作侵权复制品的材料、工具、设备等；构成犯罪的，依法追究刑事责任：

（1）未经著作权人许可，复制、发行、表演、放映、广播、汇编、通过信息网络向公众传播其作品的，本法另有规定的除外。

（2）出版他人享有专有出版权的图书的。

（3）未经表演者许可，复制、发行录有其表演的录音录像制品，或者通过信息网络向公众传播其表演的，本法另有规定的除外。

（4）未经录音录像制作者许可，复制、发行、通过信息网络向公众传播其制作的录音录像制品的，本法另有规定的除外。

（5）未经许可，播放或者复制广播、电视的，本法另有规定的除外。

（6）未经著作权人或者与著作权有关的权利人许可，故意避开或者破坏权利人为其作品、录音录像制品等采取的保护著作权或者与著作权有关的权利的技术措施的，法律、行政法规另有规定的除外。

（7）未经著作权人或者与著作权有关的权利人许可，故意删除或者改变作品、录音录像制品等的权利管理电子信息的，法律、行政法规另有规定的除外。

（8）制作、出售假冒他人署名的作品的。

二、纠纷解决方式

（1）和解：当事人有自行解决的意向，可以协商处理版权纠纷。

（2）调解：当事人可以委托第三方（版权局、著作权保护机构如中华版权代理总公司、版权保护协会、律师事务所，以及自然人等）调解著作权纠纷。

（3）仲裁：当事人可以根据达成的书面仲裁协议或者著作权合同中的仲裁条款，向仲裁机构申请仲裁。

（4）诉讼：当事人没有书面仲裁协议，也没有在著作权合同中订立仲裁条款的，可以直接向人民法院起诉。

第四节　相关权及其保护

一、相关权的概念

相关权有时候也被称作邻接权，从保护作品的传播者的权利。相关权保护下列各类人员或组织的权利：

（1）表演者（演员、音乐家、歌唱家、舞蹈家或者一般意义上的表演者）对其所表演的节目的权利。

（2）声音录制品（例如，盒式磁带或光盘）的制作者对其所录制的内容的权利。

（3）广播组织对其通过无线电或电视播出的节目的权利。

二、相关权与版权的区别

版权与相关权的保护对象不同。版权保护的是作品的作者。以一首歌为例，版权保护的是曲作者和词作者。而在该同一例子中，相关权则将适用于：

（1）演奏这首歌的音乐家和演唱这首歌的歌唱家。

（2）将这首歌制成声音录制品（也称为录音制品）的制作者。

（3）在节目中播送这首歌的组织。

三、相关权的内容

表演者、声音录制品制作者或广播组织所享有的权利因各国法律而异。

也有不同的国际条约对这个问题做了规定，例如《罗马公约》、TRIPS 协议以及《世界知识产权组织表演和录音制品条约》（WPPT）等。

表演者对其表演享有下列权利：

（1）表明表演者身份。

（2）保护表演形象不受歪曲。

（3）许可他人从现场直播和公开传送其现场表演，并获得报酬。

（4）许可他人录音录像，并获得报酬。

（5）许可他人复制、发行录有其表演的录音录像制品，并获得报酬。

（6）许可他人通过信息网络向公众传播其表演，并获得报酬。

被许可人以第（3）～第（6）项规定的方式使用作品，还应当取得著作权人许可，并支付报酬。

通常，表演者享有的经济权使其能阻止他人对其现场表演进行录制、广播和向公众传播。有些国家的法律及WPPT还授予表演者以复制、发行和出租其以录音制品形式录制表演的权利。此外，表演者还享有精神权，使其能阻止他人不正当地将其姓名省略，或反对他人对其已录制为声音录制品的表演进行有可能损害其名誉的改编等行为。

声音录制品的制作者主要享有授权或制止他人复制、发行其声音录制品的权利。

此外，WPPT还规定，当声音录制品通过因特网等新技术和通信系统进行传播时，其作者和声音录制品中所录制作品的表演者必须受到适当而有效的保护。

广播组织享有授权或制止转播、录制和复制其广播节目的权利。

相关权和版权一样，也有例外，从而允许任何人为某些具体目的，如引用或进行新闻报道等目的，自由地使用表演、声音录制品或广播节目。

四、相关权的保护

表演者之所以受到保护，是因为他们做出了创造性贡献。声音录制品的制作者之所以受到保护，是因为他们进行了创造性投入，并为向公众提供录制品投入了必要的技术和财政资源。同样，广播组织也理应受到保护，以防其体现在节目中的技术和组织技巧受盗播之害。

课程项目

以组为单位,设计或创作一个受著作权或相关权保护的作品,讨论该作品的保护问题(包括保护客体、保护时间、合理使用、法定许可、侵权及处理)。

第十一章 商标权的保护

开篇案例：中国首例声音商标案结案[1]

2018年10月26日，记者从腾讯公司获悉，北京市高级人民法院近日终审判决，认定腾讯公司申请的"嘀嘀嘀嘀嘀嘀"声音商标具有显著性，准予注册。这也是中国商标法领域首例声音商标案件。声音商标进入中国商标法保护的时间不长，2013年《商标法》进行修改，声音作为识别商品和服务来源的标识列入其中，对声音的显著性审查也在不断探索中。

业内人士认为，QQ提示音商标案是中国商标法领域首例声音商标案件，案件审理对审查声音商标的显著性提供了极具参考价值的思路，具有行业典型意义。

思考与讨论：
1. 声音商标的保护条件是什么？
2. 讨论生活中哪些有典型代表意义的声音能注册为商标。

第一节 商标的概念、类型和作用

一、商标的概念

商标（Trademark）作为一种识别性标记（sign），其历史源远流长。古代曾有把陶工的姓名标示在陶器上的强制性要求，这种标示最

---

[1] 郑小红. 中国首例声音商标案结案 QQ提示者"嘀嘀嘀嘀嘀嘀"获准注册［EB/OL］. http：//www.chinanews.com/sh/2018/10-26/8660171.shtml.

早发现于出土的公元前 3500 年的埃及古墓。而我国宋代山东刘家"功夫针"铺使用的"白兔"商标应算是有文字记载且有实物流传至今最早的商标。在 13 到 14 世纪的英国，面包房及银匠有强制性义务在自己的制品上标出记号。❶

在 TRIPS 协议诞生前，国际上尚无统一的定义。《TRIPS 协议》第 15 条第 1 款规定：任何能够将一个企业的商品或服务与其他企业的商品或服务区分开的标记或标记的组合均应能成为商标（Any sign, or any combination of signs, capable of distinguishing the goods or services of one undertaking from those of other undertakings, shall be capable of constituting a trademark）。这种标记一般用文字、图形、字母、数字、三维标志和颜色组合，以及上述要素组合表示，并且置于商品或商品包装上、服务或服务说明书上。我国《商标法》第 8 条做了类似规定：任何能够将自然人、法人或者其他组织的商品与他人的商品区别开的标志，包括文字、图形、字母、数字、三维标志、颜色组合和声音等，以及上述要素的组合，均可以作为商标申请注册。

这种可以区别的标示在各国实践中已经发展为从传统的视觉（visible）区别到现今的听觉（audible）区别，即一段音乐也可以注册为商标了（参见开篇案例 QQ 声音商标）。随着技术的发展，可以预见不久的将来，人们用嗅觉（olfactory）区别的标识也能注册为商标，大家如果发现一款用特别味道注册的香水商标也不足为奇了。

可见，商标是附于商品的人为的标志，具有显著性特征；这种标志象征着商品的质量和信誉，是企业的无形资产。

二、商标的类型

1. 根据商标的构成因素不同，可把商标分为文字商标、图形商标和组合商标三类。

（1）文字商标，指仅用文字组成的商标。包括中国汉字、少数民族字、外国文字以及各种不同文字组成的商标。文字商标在各国比较

---

❶ 郑成思. 知识产权法 [M]. 北京：法律出版社，1997.

普遍，其特点是比较简明、便于称谓、便于传播和记忆。

（2）图形商标，指用图形构成的商标。这种商标丰富多彩，千变万化，可采用动物、植物及几何图案构成，其特点是简单直观、艺术性强、富有感染力；而且不受语言限制，无论哪国人一般都可以看懂。

（3）组合商标，是指文字、图形或记号相结合而构成的商标。如"长城"电扇的商标是由文字"长城"和象征长城的简单图案组合而成的，组合商标的使用比较广泛。

2. 根据商标使用者的不同，可把商标分为商品商标、服务商标。

（1）商品商标，也叫生产商标，是表明商标的所有人是产品的生产者，即生产企业把自己的商标用于所生产的产品上，以表明自己是该产品的制造者。如荷兰飞利浦电器集团的"飞利浦"（PHILIPS）商标。

（2）服务商标，服务商标是提供服务的经营者在其向社会提供的服务项目上使用的标记，也称为服务标记。它是指服务业为了使自己提供的服务与他人提供的同类服务相区别而使用的标记，如从事宾馆、餐饮、运输、旅游、教育娱乐、金融保险等行业服务中所使用的标记。

3. 根据商标作用不同，可把商标分为集体商标和证明商标。

（1）集体商标，是指以团体、协会或者其他组织名义注册，供该组织成员在商事活动中使用，以表明使用者在该组织中的成员资格的标志。

（2）证明商标，是指由对某种商品或者服务具有监督能力的组织所控制，而由该组织以外的单位或者个人使用于其商品或者服务，用以证明该商品或者服务的原产地、原料、制造方法、质量或者其他特定品质的标志。

证明商标也称为保证商标。这种商标一般由对商品具有鉴定能力的机构、商会或其他团体申请注册，它们对其鉴定的商品负有保证责任。如毛线上使用的纯羊毛标记（WOOLMARK）是经国际羊毛局对毛线鉴定后，允许在该毛线上使用的证明标记。商品的生产者或经销者无权随意使用证明商标，要使用证明商标，必须取得商标注册人的许可，商品的质量必须达到保证的标准。

集体商标和证明商标比较：

共同处：商标的注册人和所有人是团体组织，它们本身并不使用商标。

不同处：集体商标只能由集体组织的成员使用；证明商标不受此限制，达到规定标准的任何单位和个人都可以使用。

4. 根据商标是否注册，可把商标分为注册商标和未注册商标。

（1）注册商标是指申请注册的商标，符合《商标法》的有关规定，经商标局初步审定、公告，自公告之日起 3 个月内，期满无异议的，予以批准注册，发给商标注册证，并予以公告，该商标即为"注册商标"，可以标明注册标记，用注或者 R 表示。

（2）未注册商标是指商标使用者未向商标局申请注册的、在商业活动中实际使用的、其使用者在我国不享有商标专用权的商标。未注册商标有两种：一种是我国的自然人、法人或者其他组织由于某种原因对在用商标未进行及时注册；另一种是外国的驰名商标未在我国注册。现行《商标法》对这两种未注册商标都做了保护性规定，以防止他人恶意抢先注册。

三、商标的作用

商标有多种作用，除其原始区别作用外，在当今市场经济条件下，其商业和财产价值更被越来越多的人所重视。商标的主要作用如下：

1. 表示商品或服务的来源

商标的原始作用就是把同类商品或服务的来源区别开来，便于广大消费者通过商标，辨认商品的生产者、经营者或服务业者，选购满意的商品或服务。

2. 表示商品或服务的一定质量

商品质量和服务质量是商标的物质基础，商标使用者只有保持商品的一贯质量，才能提高商标的知名度，树立商标使用者的信誉。因此，保持商品或服务的一贯质量，就成为维护商标及其使用者信誉的最重要手段。

3. 商标是其所有者的重要无形财产

商标和其他有形财产一样，是其所有者财产的重要组成部分。有时商标的价值会超过其有形财产的价值。商标之所以成为企业的无形财产是因为，第一，商标的价值与其所有者花费的宣传费用成正比；第二，商标的价值反映商品或服务在市场上的占有率，使用某一商标的商品在市场上的占有比例越大，其商标的价值也越大；第三，商标的价值反映其给商标的所有者带来的利润率，换言之，商标的价值最终反映在其给商标所有者带来的利润多少。

4. 商标起着重要广告宣传作用

消费者通过商标识别商品，评价商品的质量和适用性，并将其印象有意无意介绍给他人，从而扩大了商标宣传和知名度，赢得更多的回头客和更多的购买者。

5. 商标是一个国家经济实力乃至整个国家形象的外在表现

在国际经济一体化趋势加强、国际市场竞争日趋激烈的形势下，商标的作用已远超出其原始的功能。一般人往往望文生义，产生联想，将商标与使用商标的企业、使用商标的企业与其所在国家联系起来，从而提高了企业和国家的认知度。因此，对一个国家来说、没有世界性的驰名商标、没有世界性的明星企业，就很难有知名度，也就很难形成自己独立的、有竞争力的工业基础，很难有很大的认知度；没有自己独立的、有竞争力的工业基础，就很难在激烈的市场竞争中取胜，就很难树立国家的良好形象。

英国品牌顾问公司 Brand Finance 发布了《2018年全球品牌500强》报告（见图11-1）。报告显示，全球价值最高的500个品牌中，美国占据了43%，位列第一；中国拿下了15%的占比，位列第二。总的来说，中国品牌与全球领先品牌的差距越来越小。2008年，中国品牌在全球品牌500强的占比仅3%，品牌总价值也仅923亿美元。10年以后，品牌占比提到了15%，品牌总价值达到9115亿美元，中国的品牌发展清晰可见。

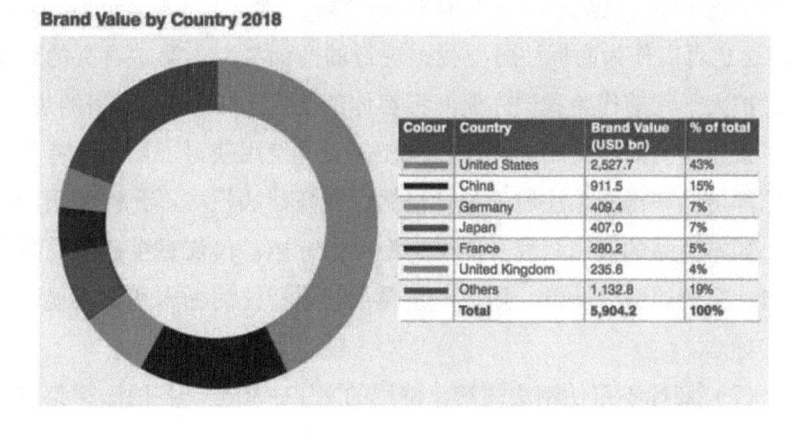

图 11-1　《2018 年全球品牌 500 强》报告

第二节　商标权的内容

商标权泛指商标持有人的权利，包括注册商标专有权和未注册商标的使用、收益、处分权。商标专有权是指商标所有权人对其注册商标所享有的权利，它由国家商标管理机关依法授予并由国家强制力加以保护。商标专用权是法律赋予商标权人的一种合法垄断权，它是一种工业产权，是商标所有权人的一种无形财产权。根据商标专有权，商标权人有权自己使用、许可他人使用专有的商标并从中取得报酬，也有权禁止他人未经其同意使用该专有的商标。

1. 商标权的客体

商标权的客体指能够作为商标而获得保护的对象，如各种文字、图形或者其他符号。

作为商标权的客体，应具备一定的法定条件：

（1）商标必须符合法定的构成形式。

（2）商标应具有显著特征。由于商标的主要功能是标示商品和服务的来源，所以作为商标权客体的标志就必须具有可识别性或显著性。这种显著性特征可以是标记本身先天具备，也可以是通过后天使用取得，即一件本来不具备显著性特征的标记通过使用后在人们心中获得了区别性，也就取得了商标的"第二含义"（secondary meaning），也可以作为商标注册。我国现行的商标法引入第二含义的理论后，扩大了能够作为我国注册商标客体的范围。根据第11条的规定，除了禁止作为商标使用的标志外，任何通过使用获得了显著性特征的标志都可以获得商标注册，包括根据以往商标法根本不允许使用的标志，如本商品的通用名称、图形、型号的标志；仅仅直接标示商品的质量、主要原料、功能、用途、重量及其他特征的标志和缺乏显著特征的标志。

（3）商标不得使用法律禁止使用的文字、图形。各国法律都规定了哪些标记不能注册为商标，由于各国历史传统、宗教信仰、文化心理、风俗习惯不同，这方面的规定有共性也有个性。如我国规定，与主权国家的国家名称、国旗国徽、军旗等名称相同或近似的标记不能注册为商标，但经该国政府同意的除外。

（4）商标不得与他人在先取得的合法权利相冲突。申请注册的商标不得在相同或类似商品上与他人申请注册或已注册的商标相混淆。

2. 确认商标权的原则

商标使用人要取得商标权，必须向政府主管部门提交书面申请，并缴纳申请费用，经审定核准注册后，商标权一般就得到了确认。但少数国家并不以商标的注册作为确认商标权的原则。各国确认商标权的原则主要有以下三种：

（1）先注册原则。商标权授予商标的首先注册人。如果商标的首先使用人没有及时注册商标，而该商标被人抢先注册，则商标权属于注册人，不属于首先使用人，而且首先使用人再不能对同一商标申请注册。包括我国在内的大多数国家都采用这种原则。

（2）先使用原则。商标权属于商标的首先使用人。即使该商标被他人抢先注册，首先使用人只要提供他在商业活动中首先使用了该商标的证明，就可以要求主管机构将他人已经注册的商标撤销，而授予他商标权。这种原则使商标注册徒有虚名，注册只能起到声明作用，不能决定商标权的归属，因此大多数国家不采用这种原则。

（3）无异议注册原则。这是上述两种原则的结合，商标权原则上属于先注册人，在商标注册后的规定期限内，若有首先使用人提出异议，并提供了首先使用商标的证明，则已办理的注册予以撤销；若在此期限内无人提出异议，过了期限，商标的注册人便获得了商标权，他人不得再提出异议。这种原则规定了提出异议的期限，实施并不困难。如美、英等国采用这一原则。

商标注册是商标使用人为了取得商标专用权，将其使用的商标依照法定的注册条件和程序，向商标管理机关提出注册申请，经商标管理机关审查批准，在商标注册簿上登录，并发给商标注册证，予以公告，授予申请人以商标专用权的法律活动。

《巴黎公约》规定关于商标的注册条件原则上由各成员方自行决定，而 TRIPS 协议明确规定使用不得作为商标注册的前提条件。根据我国《商标法》关于商标权取得的规定，注册是在我国取得商标专用权的主要途径，此外，未注册标记可作为商标使用，但不具有专用权。可见，我国商标法采取的是以注册取得为主，使用取得为辅的立法例。在商标取得的注册主义中，使用是维持商标权的条件。否则，就会被撤销。《巴黎公约》和 TRIPS 协议都有关于注册商标使用的要求，我国《商标法》规定，注册商标连续 3 年停止使用的，由商标局责令限期改正或者撤销其注册商标。

商标注册之后的一段时间内，其注册还可能被撤销。根据有些国家商标法的规定，在商标获得注册后 1～5 年的时间内，任何人认为商标注册不符合法律规定的，可以向商标局申请撤销该商标注册。只有经过这一段时间后，一个商标才成为不可撤销的商标。

3. 商标权的内容与保护期

商标权的内容主要是指商标基于注册而取得的商标专用权。但商标专用权并不是商标权的全部，事实上，商标权除了指商标所有人自己使用商标的权利（即专用权）之外，还包括商标所有人转让其商标和许可他人使用其商标的权利及禁止他人非法使用其商标的禁止权。在商标的国际保护制度中，《巴黎公约》没有规定注册商标权的内容和范围，TRIPS 协议也没有从正面规定商标权的内容，只是从禁止权方面对"注册商标所授予的权利"做了规定。我国商标法关于商标权内容的规定，与 TRIPS 协议相比，对注册商标权人禁止权的规定也非常广泛。《商标法》第 57 条从商标侵权行为的认定方面就商标权的禁止权做了规定。

大多数国家的商标法都规定了注册商标的保护期，一般为 10 年（如我国），也有少数国家为 5 年、7 年或 15 年。TRIPS 协议规定，商标首次注册和每次续展注册的期限不少于 7 年，商标注册允许无限续展。如果在法律规定期限内，商标权人没有续展注册，注销其注册商标。

第三节　商标权的保护

根据市场经济发展的要求，各国都通过制定商标法建立起商标权保护制度。这种制度不但是为了保护商标权人对注册商标的专用权，而且也是为了保护消费者的合法权益。该制度的核心就是禁止他人不经商标权人允许，在指定商品上使用与注册商标类似的商标，或在与指定商品类似的商品上使用注册商标或类似商标。

就商标法律制度而言，第一是保护商标权的主体，即注册商标的所有人；第二是保护商标权的客体，即经法定程序核准注册的商标标示，它是商标权的外在表现形式。

一、商标侵权行为

依据《商标法》第 57 条的规定，有下列行为之一的，均属侵犯注册商标专用权：

（1）未经商标注册人的许可，在同一种商品上使用与其注册商标相同的商标的。

（2）未经商标注册人的许可，在同一种商品上使用与其注册商标近似的商标，或者在类似商品上使用与其注册商标相同或者近似的商标，容易导致混淆的。

（3）销售侵犯注册商标专用权的商品的。

（4）伪造、擅自制造他人注册商标标识或者销售伪造、擅自制造的注册商标标识的。

（5）未经商标注册人同意，更换其注册商标并将该更换商标的商品又投入市场的。

（6）故意为侵犯他人商标专用权行为提供便利条件，帮助他人实施侵犯商标专用权行为的。

（7）给他人的注册商标专用权造成其他损害的。

二、对侵权行为的处理

当发生侵权时，引起纠纷的，商标权人可以选择：协商解决；请求工商行政管理部门处理；向人民法院起诉。

（1）协商。如果发生侵犯注册商标专用权的行为，引起纠纷的，由当事人协商解决。协商方式是解决注册商标专用权纠纷的最便捷方式，解决纠纷快、节约成本，有利于保持当事人之间的良好关系。

（2）行政处理。当事人不愿协商或协商不成的，可以请求工商行政管理部门处理。我国县级以上地方工商行政管理部门有权处理注册商标侵权案件，认定侵权行为成立的，可以采取以下措施：1）责令侵权人立即停止侵权行为；2）应被侵权人的请求责令侵权人赔偿损失，损失额为被侵权人在被侵权期间因被侵权而受到的损失；3）根据情节轻重处以非法经营额 50% 以下或者侵权所获利润 5 倍以下的罚款。

（3）司法诉讼。在注册商标专用权受到非法侵害时，被侵权人可以直接向法院起诉。商标侵权案件的诉讼时效为 2 年。人民法院受理后，可以给予侵权人民事制裁，如停止侵害、消除影响、赔偿损失等；对于构成假冒注册商标罪的，依法追究其刑事责任。

第四节　驰名商标的特殊保护

驰名商标（well-known mark）是在市场上享有较高声誉并为相关公众所熟知的商标，驰名商标的特别保护是商标国际保护制度的重要内容。最早对驰名商标进行保护的是《巴黎公约》，其后的 TRIPS 协议对其进行了继承和发展，代表了当今驰名商标国际保护的最高标准。为适应市场经济的发展，同时履行我国的入世承诺，我国《商标法》将驰名商标的保护提到了非常重要的地位。

1. 《巴黎公约》对驰名商标保护的规定

《巴黎公约》关于驰名商标的保护，主要是公约第6条第2款的规定，目的是解决未注册驰名商标的抢注问题。成员方应拒绝或取消将驰名商标的标记加以复制、仿制或翻译的标记作为商标注册用于该驰名商标所标示的相同或类似的商品，驰名商标的所有权人拥有在至少五年的时间内取消这种注册的权利，如果是恶意注册，提出请求的时间没有限制。《巴黎公约》虽然规定了驰名商标的国际保护，但缺少关于驰名商标的认定标准，对认定的驰名商标不适用于服务商标，再加上公约将驰名商标的认定权赋予各成员方自己，所以没有形成一种规范性的具有约束力的制度。

2. TRIPS协议关于驰名商标保护的规定

TRIPS协议关于驰名商标的保护的规定主要体现在第16条的第2款和第3款中，相比《巴黎公约》的规定，TRIPS协议在以下几个方面有了发展：第一，肯定了《巴黎公约》第6条之2对驰名商标的特殊保护原则，并将这一保护由商品商标扩大到服务商标；第二，明确了对驰名商标的认定标准；第三，对驰名商标提供跨类保护。TRIPS协议有条件地扩大了对驰名商标特殊保护的范围，将《巴黎公约》规定的相同或类似的商品范围，扩大到不相类似的商品和服务，即可实行"跨类保护"。但跨类保护仅仅适用于注册的驰名商标。

3. 我国法律关于驰名商标保护的规定

我国《商标法》明确了认定驰名商标的基本标准，并将驰名商标分为已注册的驰名商标和未注册的驰名商标加以保护，符合TRIPS协议的要求。

（1）对未注册的驰名商标的保护。《商标法》第13条第1款规定："就相同或类似商品申请注册的商标是复制、模仿或翻译他人未在中国注册的驰名商标，容易造成混淆的，不予注册并禁止使用"。我国对未注册驰名商标的保护虽限于相同或类似商品，但已经突破了以往我国商标法关于商标权注册取得的原则，赋予了未注册驰名商标权人专用权，实现了我国商标法与国际公约的接轨。

（2）对已注册的驰名商标的保护。《商标法》第 13 条第 2 款规定："就不相同或不相类似商品申请注册的商标是复制、模仿或翻译他人已在中国注册的驰名商标，误导公众，致使该驰名商标注册人的利益可能受到损害的，不予注册并禁止使用。"这一规定将已注册驰名商标的保护范围扩大到不相同或不类似的商品上，实现了跨类保护。

（3）驰名商标的认定。1999 年 WIPO 和保护工业产权巴黎联盟《关于驰名商标保护规定联合建议》提到了驰名商标的认定因素：与商标有关的价值。TRIPS 协议规定，认定驰名商标应考虑在相关行业公众的知晓程度，知名度是认定一个商标是否驰名的首选标准，各国立法和司法实践都很重视。我国《商标法》第 14 条具体规定了认定驰名商标应考虑的五种因素：1）相关公众对该商标的知晓程度；2）该商标使用的持续时间；3）该商标的任何宣传工作的持续时间、程度和地理范围；4）该商标作为驰名商标受保护的记录；5）该商标驰名的其他因素。

在驰名商标的认定实践中，自 1996 年起，我国曾形成以国家商标局为主体的驰名商标认定体制，后来为适应驰名商标司法保护的需要，司法机关在审判工作中也可以就涉案商标进行适时认证，以判断有关商标是否为驰名商标。目前，这一做法已为最高法院通过的司法解释所确认，同时，驰名商标的司法认定也符合 TRIPS 协议规定的司法权是最后保障的精神。原国家市场监督管理总局局长张茅公开表示，对于过去评名牌、评著名商标的政府行为 2019 年将一律取消。众所周知，商标和企业的著名品牌，是一种商业信用，需要企业自己在市场竞争中争取而来，是市场行为。政府或者代表政府的组织参与，甚至主导著名商标、名牌的评选，实际上就是将政府的公信力出借给特定企业，是公权力的越位，其结果就是政府为企业的市场行为背书，不利于企业自己创造品牌。❶

---

❶ 国家市场监管总局局长张茅讲话。2019 - 1 - 18 新京报，刘晓忠（财经评论员）。

课程项目

图 11-2 所示标识是北京外国语大学商标。

商标名称：北京外国语大学；BFS FOREIGN STUDIES UNIVERSITY；1941

商标注册号：3880005

商标国际分类（尼斯分类）：第 41 类

商标专用期限：2016-11-07 至 2026-11-06

图 11-2 北京外国语大学商标

1. 分组讨论该图标反映了有关商标保护的哪些知识。

2. 思考：北外作为外语教学的标杆，如何利用商标来保护北外信誉，打击各种良莠不齐利用北外旗号举办的外语培训班？

第十二章 地理标志的保护

开篇案例：烟台苹果：地标果儿格外"红"

苹果，是烟台农业经济的重要支柱，是农村收入的主要来源，承载着 300 余万农民增收致富的梦想和希望。

2002 年，烟台市苹果协会正式成立，并将申请注册"烟台苹果"地理标志证明商标、加强品牌保护确立为协会的首要任务。2008 年 3 月，"烟台苹果"正式被核准注册地理标志证明商标。

烟台苹果连续 10 年稳居中国果品区域公用品牌价值榜首，是全国唯一一个品牌价值过百亿的果品区域公用品牌……2018 年，烟台苹果品牌价值再创新高，达到 137.39 亿元。[1]

思考与讨论：地理标志能给各地的名优特产推广带来哪些好处？

第一节 地理标志的概念和特征

一、地理标志的由来

地理标志是知识产权的一种，是基于原产地的自然条件和原产地的世代劳动者的集体智慧而形成的。地理标志概念是在产地标记、原产地名称的基础上发展起来的。产地标记一词出现在 1883 年《保护工业产权巴黎公约》（以下简称《巴黎公约》）第 1 条、第 2 条、第 10 条，但它没有对产地标记的定义做出明确规定。1958 年签订的《保护原产地名称及其国际注册里斯本协定》（以下简称《里斯本协

---

[1] 韩瑞：中国知识产权报 2019-02-12。

定》）才对原产地名称做了与产地标记不同的定义。1995年1月1日生效的TRIPS协议是继《里斯本协定》第一次对地理标志下定义后，对地理标志下的最明确的定义。2001年，中国加入WTO，开始真正意义上的地理标志保护。

二、地理标志的概念

《TRIPS协议》第22条第1款将地理标志定义为："表明某一货物来源于一成员的领土或该领土内的一个地区或地方的标记，而该货物所具有的质量、声誉或其他特性实质上归因于其地理来源。"我国2001年修订后的《商标法》也增设了地理标志方面的规定，其第16条第2款规定："前款所称地理标志是指标示某商品来源于某地区，该商品的特定质量、信誉或者其他特征，主要由该地区的自然因素或人为因素所决定的标志。"其中，自然因素是指原产地的气候、土壤、水质、天然物种等；人文因素是指原产地特有的产品生产工艺、流程、配方等。从TRIPS协议和我国《商标法》可以看出，关于地理标志的定义基本上是相同的。

三、地理标志保护的产品类别

地理标志可用于各种产品，如农产品：例如奶酪（如"Roquefort（罗克福尔）"产自法国的Roquefort（罗克福尔）地区）、橄榄油（如"Tuscany（托斯卡纳）"为意大利某一特定区域生产的橄榄油）或茶叶（如"Darjeeling（大吉岭）"茶叶为印度种植）。地理标志通常与葡萄酒和烈性酒有关，如产自苏格兰的"Scotch Whisky（苏格兰威士忌）"。

地理标志的使用并不局限于农产品或含酒精的饮料。它还可强调某些产品因产品原产地的一些人为因素而具有特定质量，比如特定的制作技术和传统。这种原产地可能是一个村镇、一个地区或一个国家。原产地为一个国家的，可以举"Switzerland（瑞士）"或"Swiss（瑞士的）"这个例子；它们在许多国家都被视为瑞士制造的产品（尤其是钟表）的地理标志。

可见，地理标志产品可以是初级产品，也可以是经过加工的产品；既可以是农业类的，也可以是工业类的。2005年由国家质检总局制定的《地理标志产品保护规定》第2条规定了地理标志产品的定义及保护范围。地理标志产品包括：

（1）来自本地区的种植、养殖产品。

（2）原材料全部来自本地区或部分来自其他地区，并在本地区按照特定工艺生产和加工的产品。

在我国，目前共有三个国家部门对地理标志进行注册、登记和管理。国家工商总局商标局通过集体商标或证明商标的形式进行法律注册和管理，国家质检总局和国家农业部以登记的形式对地理标志进行保护和管理。其中，由于国家商标局是以商标的形式对地理标志进行的注册，并因此而具有法律地位，所以对地理标志产品的保护更加有力。

在上述我国国家部门各自的领域内又有具体的划分，其中国家农业部的农产品地理标志都是农产品（广义农产品），包括蔬菜瓜果类、畜禽蛋肉类、粮食油料类、中草药材类、菌类、海鲜产品类、淡水产品类等，其中很多已经获得国际地理标志认证，如北京"平谷大桃"荣获"10+10"中欧地理标志互认项目；国家质检总局的白酒、葡萄酒较多，还有海鲜产品类、淡水产品、工业产品等；国家商标局的蔬菜瓜果类、畜禽蛋肉类较多。总之，地理标志与农业有不解之缘，通过地理标志保护的商品除香梨、芦柑、蜜橘、柚、橙、茶叶等农产品外，还包括烟花爆竹、瓷器、煤、石雕等手工艺品和矿产品，我国通过或申请通过地理标志方式保护的商品范围已经大大超过了欧盟国家和美国。按照《商标法》的规定，参考其他国家的做法，适用地理标志保护的商品范围，原则上不宜超过农产品、食品、葡萄酒、烈性酒的范畴。

四、地理标志的基本特征

1. 地域性

知识产权都具有地域性，只在一定范围内才受到保护，但地理标志的地域性显得更为明显，因为地理标志不仅存在国家对其实施保护的地域限制，而且其所有者同样受到地域的限制，只有商品来源地的生产者才能使用该地理标志。

2. 集团性

地理标志可由商品来源地所有的企业、个人共同使用，只要其生产的商品达到了地理标志所代表的产品的品质，这样在同一地区使用同一地理标志的人就不止一个，使得地理标志的所有者具有集团性。

3. 独特性

地理标志作为一种标记，与一定的地理区域相联系，其主要的功能就在于使消费者能区分来源于某地区的商品与来源于其他地区的同种商品，从而进行比较、挑选，以找到商品的价值与使用价值的最佳切合点，购买到自己想要的商品。

五、地理标志与相关概念辨析

（一）货源标记

货源标记在《巴黎公约》中被译为"产地标记"，它是指用名称、标记或符号组成表明一种商品来源于某个国家、地区或地方的标记。它与地理标志的差异主要表现为：

（1）货源标记涉及的区域较大，往往泛指一个国家或地区；但地理标志往往指某一较小而具体的地区或某一确切地域。

（2）货源标记可用来标示源自真实产地的各种商品，而地理标志一般用于农产品、天然产品或地方的传统名优土特产品。

（3）货源标记作为产品来源识别标志，目的在于说明某类商品来源的统一性，使用上较为宽松。地理标志除证明产源地外，实际上成为了一种商品质量的证明标志，对其的使用，法律做出了严格的限制与规定。

（二）原产地名称

原产地名称是指一个国家、地区或地方的地理名称，用于指示一项产品来源于某地，其质量或特征完全或主要取决于地理环境，包括

自然和人为因素,如"金华火腿"等。原产地名称必须具备下列条件:

(1) 必须是确实存在的地理名称,而不是臆造的、虚构的。

(2) 其使用人是利用该产地相同自然条件、采用相同传统工艺的生产经营者。

(3) 其所附着的商品是驰名的地方特产,在原产地以外的广大地域范围内为公众知晓。

尽管地理标志的概念出现得比较晚,但目前已被国际社会普遍接受,并有逐步代替原产地名称的趋势。

(三) 商号

商号是指经营者在经营活动中用于表明自己的营业或者企业的名称。它与地理标志有以下不同:

首先,在经营主体上,商号为一个经营者所独有;地理标志则由一定区域内达到一定标准的企业所有。

其次,两者影响力的形成因素不同。商号往往是经营者在长期经营中形成的;而地理标志是商品的品质特点全部或部分由原产地的地理环境所赋予的。

最后,两者影响力的范围和区域不同。商号对经营者的所有商品都能形成很好的影响;而地理标志只对特定地区生产的经过核准的特定产品起作用。

(四) 商标

商标指商品或服务的生产者、经营者在其商品或服务项目上使用的,由文字、图文或者其组合构成的,具有显著特征的、便于识别商品或服务来源的标记。它与地理标志有时融为一体,关系十分密切。但也有明显不同,主要表现在:

(1) 两者构成要素不同。商标不得使用直接叙述商品产地、原料、功能、用途等的文字及图形,而地理标志则恰恰相反。

(2) 功能不同。商标表示商品或服务来源于"人",而地理标志表明来源于"地"。

（3）权利性质不同。商标权是一种独占权，属于特定地域范围内符合生产条件的特定生产经营者，但地理标志却不能被某一生产经营者所独占。

（4）权利内容不同。商标可以许可也可以转让；地理标志不能转让，也不可以许可特定区域之外的其他经营者使用。

所以，商标是企业用以将自己的商品或服务与其他企业的商品或服务区分开来的一种标志。商标所有人享有商标权，可防止他人使用其商标。而地理标志则告诉消费者，某一产品产自某一特定地域并因其产地的原因而具有某些特点。凡在某一地理标志所指定的地域内生产产品而且其产品符合特定质量标准的生产者，均可使用该地理标志。例如，"Switzerland（瑞士）"可由符合瑞士钟表官方生产标准的所有瑞士钟表制造商使用，但对于"ROLEX（劳力士）"商标，则只有劳力士表厂享有专用权。

第二节　地理标志的保护

一、地理标志的国际保护

国际上对地理标志的保护，最早体现在1883年的《巴黎公约》中，但当时并无清晰的定义，《巴黎公约》将"产地标记或原产地名称"作为保护的对象。该公约第1条第2项规定：工业产权的保护对象有专利、实用新型、外观设计、商标、服务标记、厂商名称、货源标记和原产地名称及制止不正当竞争。第10条中规定了假标记：对带有假冒原产地或生产标记的商品进口时予以扣押。该公约只对地理标志中最常见的货源标记欺骗形式做了禁止性规定，而没有对地理标志提供系统的保护，但它是国际社会对地理标志保护迈出的第一步。❶

《里斯本协定》第一次规定了地理标志的概念，该协定第2条规定："国家地区或者地点的地理名称，其用于指示产品的来源地，并

---

❶ 摘自《国内法与国际法中的地理标志》。

且该产品的质量和特征完全或主要取决于该地理环境，包括自然和人为的因素。"不仅如此，该协定还进一步拓宽了地理标志的保护范围，协定第 3 条的规定禁止任何盗用或模仿原产地标识的行为。尤其值得重视的是，该协定规定了地理标志的国际注册程序，规定对于通过国际注册的地理标志，各成员方应禁止未经许可而使用该标志。因此，可以说，该协定在地理标志的国际保护方面迈出了大大的一步，具有里程碑式的意义。

《TRIPS 协议》第 22 条第 1 款规定的地理标志定义是继《里斯本协定》第一次对地理标志下定义后，对地理标志下的最明确的定义。第 2 款规定："就地理标志而言，成员应当向利害关系人提供法律手段以防止：（1）在商品的标志或者说明中，以任何方式明示或者默示该商品来源于非其真实来源地的地理区域，而在商品的地理来源上误导公众；（2）构成《巴黎公约》（1967）第 10 条第 2 款规定的意义上的不正当竞争行为的任何使用。"第 3 款规定："如果一项商标包含的或者作为其组成部分的商品的地理标志并非来源于其所标明的地域，而在该成员之内，在该商标中为此类商品使用该标志会使公众对商品的真实地理来源产生误解，那么成员在其立法允许的情况下应当依职权或者依利害关系人的请求，拒绝该商标注册或宣告其无效。"第 4 款规定："第 1、第 2、第 3 款的保护应当适用于虽就商品来源的地域、地区或者地点而言在文字上真实，但虚假地向公众表示该商品来源于另一个地区的地理标志。"这表明，即使虽然商品来源的标志在文字上是真实的，但只要会引起虚假或误导的后果，也在禁止使用之列。由第 3、第 4 款的规定可以看出，这两款规定侧重于对地理标志利害关系人的保护，是从私法的角度进行的保护。从 TRIPS 协议对地理标志保护的规定可以看出，它在从经济法角度对地理标志进行保护的同时，更侧重于从私法的角度对地理标志的保护，这与地理标志的私法属性是相符合的。因此，可以说，TRIPS 协议是迄今为止对地理标志保护规定的最完善的国际条约。

二、各国地理标志的保护

地理标志历来在各国都有着重要的地位，在国际上也是一个备受重视但又并未完全解决的问题，各国对地理标志的保护方法也各有不同。根据世界知识产权组织（World Intellectual Property Oraganization，WIPO）国际局的研究，目前各国保护地理标志的方式大致可分为注册证明商标或集体商标保护、反不正当竞争法或消费者保护法、专门法保护三种保护方式。

1. 通过注册证明商标或者集体商标保护

目前，有100多个国家和地区通过注册证明商标或集体商标的方式保护地理标志。要求地理标志的持有人将该商标予以注册的生产地域范围、技术标准、商标图案等进行界定，这种界定是说明书的组成部分，当申请被批准时，该说明书就成为注册中的重要部分，对注册人和商标使用人具有法律约束力。这种保护方式的优点在于将地理标志纳入《商标法》的保护体系内，易于对农产品的地理标志进行程序化保护，也方便在其他国家和地区取得保护。

2. 通过反不正当竞争法进行保护

用反不正当竞争法作为保护地理标志的这种方法，在历史上不断发展。《巴黎公约》最初规定的行为，即能够禁止或限于与虚假商号一起使用虚假产地标记的行为；后来发展为禁止使用虚假或者欺骗性的产地标记，再发展到使用地理标志构成《巴黎公约》第10条第2款所规定的不正当竞争行为的一般性禁止。建立在反不正当竞争基础上的地理标志保护制度的主要特征之一，在于法官要在诉讼过程中明确界定该地理标志定义中的关键要素，诸如生产地域、源自地理标志指示地域的特定质量，以及地理标志的声誉。

即使在采取注册证明商标和集体商标或者专门立法保护地理标志的国家，反不正当竞争法仍然是保护地理标志的一种补充手段，例如，我国《商标法》是从反不正当竞争的目的出发，规定对于含有虚假地理名称标志的商标不予注册。

3. 通过专门法保护

世界上大多数国家不接受专门法保护这种方法，目前国际范围内约有 20 个国家按此方式保护地理标志。这种保护方式又可细分为注册地理标志保护和原产地名称保护。法国是实施原产地保护最早的国家，它有一套完整又专门的保护方法。法国政府设立了原产地名称局（INAO），其主要职能就是对使用"经检测"的原产地名称的产品的质量进行检测和控制。对于除葡萄酒、烈性酒和奶酪以外的其他产品的原产地名称，则可以通过司法途径或者行政程序认定。

除上述保护方式外，有的国家采用对不同产品的地理标志适用不同的法律和程序给予保护的做法。如澳大利亚制定了专门的法律《澳大利亚葡萄酒和白兰地联合体法案 1980》，葡萄酒地理标志的保护要依据该法进行注册保护，除葡萄酒之外的产品标志则依据《商标法案 1995》通过注册证明商标保护。

三、我国地理标志保护的基本情况

我国是一个历史悠久的文明古国，幅员辽阔，地理资源丰富，造就了一批具有地方特色的农产品和工业品。在地理标志方面，我国可谓是一个大国，地理标志是我国在知识产权领域的一项优势，是我国对外贸易的长项。但我们要面对的现实是：国内企业对地理标志的使用盲乱无序，我国一些著名的地理标志在海外被他人假冒，我国地理标志法律制度并没有起到它应有的作用，因此加强这方面的研究，以完善我国的地理标志法律制度就显得很有必要。

我国的地理标志保护制度自 20 世纪 90 年代开始探索，发展至今大体经历了 3 个阶段。一是原国家质量技术监督局早于 20 世纪 90 年代初，借鉴法国原产地监控命名制度的基本做法，结合我国国情，开始探索建立我国地理标志产品专门保护制度，依据产品质量法和标准化法，于 1999 年发布了《原产地产品保护规定》。该规定是我国地理标志产品专门保护制度的第一部部门规章，标志着具有中国特色的地理标志产品专门保护制度的初步确立。二是为积极应对入世需要，

2001年原国家出入境检验检疫局依据商检法发布了《原产地标记管理规定》及其实施办法，为进一步促进国际贸易、保护知识产权发挥了积极作用。三是国家质检总局成立以后，以原有两个规定及多年实践为基础，进一步完善了具有中国特色的地理标志专门保护制度，于2005年修订发布了《地理标志产品保护规定》，使地理标志保护制度更加规范、科学、快速地发展。

（一）我国地理标志保护制度

我国目前存在三套地理标志保护制度。

1. 农产品地理标志

根据《中华人民共和国农业法》《中华人民共和国农产品质量安全法》《农产品地理标志管理办法》，由中华人民共和国农业部批准登记的农产品地理标志。

2. 地理标志商标

根据《中华人民共和国商标法》《中华人民共和国商标法实施条例》《集体商标、证明商标注册和管理办法》，由国家工商行政管理总局批准作为集体商标、证明商标注册的地理标志。

3. 地理标志产品

根据《中华人民共和国产品质量法》《中华人民共和国标准化法》《中华人民共和国进出口商品检验法》《地理标志产品保护规定》，由国家质量监督检验检疫总局批准实施保护的地理标志产品。地理标志产品的基本模式（以龙井茶为例）如图12-1所示。

图12-1 地理标志产品的基本模式（以龙井茶为例）

（二）保护地理标志的重大意义

（1）地理标志越来越受到地方政府重视，已成为地方经济发展的一个增长点。安溪县的铁观音茶叶和中宁县的枸杞都成为当地经济的支柱产业，为壮大县域经济、调整产业结构、增加农民收入和全面建设小康社会做出贡献。

（2）地理标志是一个巨大的无形资产，还成为市县的形象名片。比如，绍兴市—绍兴黄酒，金华市—金华火腿，泸州市—泸州老窖，烟台市—烟台苹果，莱阳市—莱阳梨，平遥县—平遥牛肉，等等。

（3）地理标志是一种新型知识产权，是产品品质特征和信誉的标志，是区域文化和区域形象的代表符号，也是国际经贸中国别权益的体现。

（4）地理标志价值具有综合性。地理标志综合价值性与地理标志的区域性、长久性和群体性相关联。地理标志的综合价值远远超越其经济价值，经济价值只是地理标志综合价值中非常容易比较的显现部分。地理标志与当地人文相结合，使地理标志已经成为当地风俗习惯和社会活动的一部分。地理标志综合价值可以从地理标志特征、信誉、品牌、质量、产量、保护、市场、秩序、风俗文化和社会价值十个方面来进行评价。地理标志综合价值评价基于以下两个基本认识：

一是地理标志产值是衡量地理标志综合价值量的一个基础性指标。地理标志具有竞争优势，甚至具有绝对优势，地理标志市场是非完全竞争市场，供应创造需求。地理标志受自然因素的制约非常大，地理标志产品产量的增长有一定的内在规律，不能随心所欲，如茅台酒产量增长幅度是非常有限的。在地理标志市场均衡中，供应起着主导作用，供应决定市场，因此地理标志市场供应量（产值）成为衡量地理标志综合价值量的一个尺度。

二是地理标志综合价值是动态变化的，地理标志综合价值体现在地理标志的保护与发展的综合工作中，地理标志综合价值评价需要对地理标志保护与发展的综合工作进行评价。品质特征高的地理标志更需要加强保护与发展，否则地理标志综合价值将会降低。

四、地理标志产品的侵权处理

根据地理标志产品保护的规定，地方政府组织当地的地理标志保护产品的申报，经过申请、核准程序获得地理标志保护的产品，其产品的权利人依法享有地理标志权。该项权利有依法排除非权利人使用其地理标志的权能。地理标志权利人有权对侵犯其权利的行为人向主管机关——各地质检机构提出控告，要求进行查处，也可以向人民法院提起诉讼。

侵犯地理标志权利人权利的行为可以细化为三类：

第一类是擅自使用或伪造地理标志名称及专用标志的行为。这是指没有获得地理标志保护、不享有地理标志权的经营者，擅自使用已被核准的地理标志名称、专用标志，或者伪造专用标志的行为。

第二类是不符合地理标志产品标准和管理规范要求而使用该地理标志产品的名称的行为。这主要是指地理标志产品保护区域内的生产者生产的同种产品，虽然是在保护区域生产的同种产品，但因其产品不符合地理标志产品标准和管理规范要求而未被准予使用专用标志，但该经营者却擅自使用该地理标志名称。比如，在杭州西湖地区的某绿茶生产商生产的绿茶在外观、口感上与"龙井茶"的标准接近但并未达标，未被准予使用"龙井茶"地理标志产品保护专用标志。该生产商虽然没有伪造专用标志却擅自使用了"龙井茶"三个字标示在其商品的外包装上。这也构成了侵犯地理标志权行为。

第三类是使用与专用标志相近、易产生误解的名称或标识及可能误导消费者的文字或图案标志，使消费者将该产品误认为地理标志保护产品的行为。此类行为与第一类、第二类行为的不同之处在于，虽然没有使用被核准的地理标志产品名称、专用标志，但其用文字或图案等方式所使用的名称、专用标志与地理标志产品的名称、地理标志相近，易被误认为是地理标志产品。

针对上述三类侵犯地理标志权的行为，地理标志权利人可以提起

控告和诉讼，地理标志主管机关也可以依法主动查处。❶

课程项目

1. 按照家乡来源分组，搜索查询本小组所在省份有哪些获得注册的地理标志，为家乡地理标志策划一个宣传推广方案。
2. 讨论推举 10 个中国在世界上比较有名的地理标志。

---

❶ 来源：中国质量报，http://www.cgi.gov.cn/Home/Detail/509/质检总局科技司。

第十三章 专利权与工业品外观设计的保护

开篇案例:华为三星纷争继续,专利诉讼或成常态❶

2018年1月11日,广东省深圳市中级人民法院(下称深圳中院)针对华为技术有限公司(下称华为公司)起诉三星公司等五被告专利侵权纠纷案做出一审判决,判决三星公司停止侵犯华为公司的两件涉案4G标准必要专利权,这意味着三星公司的4G手机在我国面临禁售风险。

2016年6月27日,华为公司以专利侵权为由,将制造、销售、许诺销售移动终端产品的三星公司等五被告共同起诉至福建省泉州市中级人民法院(下称泉州中院),请求法院判令三星公司停止侵权,并赔偿经济损失及合理费用8050万元。

泉州中院一审认定20余款三星移动终端产品侵犯了涉案专利权,判决三星公司停止侵权,并赔偿华为公司经济损失及合理费用8050万元。随后,华为公司和三星公司均向福建省高级人民法院(下称福建高院)提起上诉。福建高院经审理后做出判决,除对停止侵权部分进行部分调整外,其他均维持一审判决。

点评:专利诉讼是华为公司和三星公司双方商业竞争的延伸,华为公司与三星公司都是智能手机领域的行业巨头,也是专利巨头,双方为了争夺市场利益,专利战可能会成为常态。

---

❶ 案例来源:中国知识产权报,2018年知识产权十大热点案件大盘点,http://ip.people.com.cn/n1/2019/0111/c179663-30517150.html.

第一节　专利的概念及客体

一、专利的概念

专利（Patent）是指一国政府主管部门根据该国法律规定授予发明人的一种独占权。通常专利一词有三种含义：一是指法律授予的专利权；二是指被授予专利的发明创造，即指其技术内容；三是指记载发明创造内容的文件，即专利文献，包括专利申请书、专利说明书等。专利权是国家专利机关依照专利法规定，授予发明人在一定期限内对某项发明创造享有的独占权。这种权利不能自动产生，需要经过法定程序生成，是发明创造的申请人在法定期间内所享有的一种专有的权利，是一种无形财产权。未经专利权人同意或根据法律规定，他人不得利用专利权人的专利技术进行制造、使用或销售。

专利的英文 Patent，源自拉丁文 Patens，意为"公开"和"垄断"。英国为专利制度的发源地，14 世纪时，英国王室为发展国内工业，对引进外国技术的个人，颁发盖有国王玉玺的特殊权利证书（letter of Patent），授予使用该技术的垄断权。所以，国际上一般都认为英国 1623 年《垄断法》是近代专利保护制度的起点。

专利法（Patent law）是各国经济立法中的重要法规之一，它是确认和保护发明创造的专利权，调整专利权人与专利许可使用人之间的关系和其他各种社会关系，促进科技进步和经济发展的法律制度。专利法的主要作用在于，一方面要求发明人公开其发明创造，以便让社会公众了解其发明创造，并可通过合法的途径利用其发明创造；另一方面在法律上保护发明人的专利权，在一定期限内禁止他人侵犯其专利权，使发明人不致因公开其发明创造而遭受损失。因此，实施专利法可以促进发明创造的公开化和商品化，对于发明的推广使用、提高全社会的科学技术水平和促进生产的发展起到了积极的作用。

目前，世界上大部分国家都制定了本国的专利法。我国于 1985 年 4 月 1 日开始实施专利法，多年的实践证明，我国专利法不但保护了发明创造专利权，而且调动了广大科技人员研究和开发技术的积极性，有力地促进了发明创造的推广应用和国民经济的发展。为使我国专利法更好地与国际惯例接轨，我国分别在1997年、2000年、2008年对专利法进行了三修改，第四次修正案草案已于2018年12月5日国务院常务会议通过，准备提交全国人大常委会审议。

二、专利的客体

专利的客体即专利法的保护对象，是指依法授予专利并依法保护的技术成果，泛指发明创造。在各国的专利制度中，以专利法的形式保护发明、实用新型、外观设计的为数不少。但也有不少国家的专利法只保护发明专利，没有实用新型和外观设计专利保护的规定，甚至有的国家在立法中将外观设计列入版权法的保护范围。根据有关专利保护的国际条约的规定，各国必须对植物新品种实行法律保护。所以出现了用"特殊权利（sui generis）"方式，或特殊权利与专利权相结合的方式保护植物新品种的制度。

纵观各国专利法，尽管关于专利保护的客体的立法体例不同，但它们所遵循的基本原则却是一致的。第一，受专利法保护的客体，必须符合国家的法律规定，不得违背公共秩序和社会伦理道德；第二，专利法只保护发明创造，不保护科学发现；第三，专利法保护的是利用自然规律而做出的技术上的思想创造，包括产品和方法，但不包括指导人们进行思维、推理、分析和判断的规则和方法，如数学公式等；第四，专利法保护的客体范围还应受到本国经济和社会发展水平的制约。

虽然各国专利法都有排除某些发明获得专利保护的规定，但发达国家和发展中国家对此的认识却并不相同。TRIPS协议的最终生效文本采取了折中的方法，协议第27条在确认所有技术领域的任何发明都应受到专利保护的基本原则下，允许三种不授予专利权的例外情况：1）为了维护公共秩序和公共道德的需要；2）人体和动物疾病的诊断、治疗和外科手术方法；3）除微生物以外的植物和动物，以及生产它们的生物学方法，但成员方应采取专利或其他方法保护植物新品种。

我国专利法的保护客体有发明、实用新型、外观设计。

1. 发明（Invention）

发明是指对产品、方法或其改进所提出的前所未有的技术方案。通俗地讲，就是设计和制造出前所未有的东西，而不是发现自然界本身就存在的东西。发明可分为产品发明、方法发明和改进的发明。发明是专利法保护的主要对象，全世界几乎所有国家都对发明给予专利保护，有的国家专利法只保护发明，所以有人一提到专利，就指发明。

2. 实用新型（Utility module）

实用新型是指对产品的形状、构造或其结合提出的适于实用的新的技术方案。可见，实用新型只适于产品的发明，不适于方法的发明。从本质上说，实用新型也是一种发明，只是技术价值比发明低一些，又称"小发明"。

世界上对实用新型的保护方式多种多样，既有少数国家采用"实用新型专利"保护，也有国家采用实用证书、小专利或小注册专利等保护方式。这些方式相对专利保护来说，程序较为简单，费用也较低廉，但保护期限较短。我国专利法保护实用新型，有效期为10年。申请专利的实用新型也和发明一样，必须同时具备新颖性、创造性和实用性三项条件，只不过这三项条件的标准要低于发明专利。

3. 外观设计（Design）

外观设计是指对产品的外形、图案、色彩及其组合所做出的富有美感并适于工业上实用的新设计。外观设计依附的产品必须能用工业重复制造，其式样必须赋予产品一种特殊的外貌。因此又称"工业品外观设计"，它只涉及产品的外表，不涉及制造技术。

大多数国家专利法都保护外观设计，部分国家用单独法保护。《巴黎公约》将外观设计列为受其保护的工业产权的客体之一，并规定各缔约方都有保护外观设计的义务。但公约没有规定缔约方采取什么方式保护外观设计，各缔约方可以在自己的国内法中决定保护外观设计的方式，既可以采用外观设计特别法，也可以采用版权法，或采用二者的双重保护方式。《伯尔尼公约》允许成员方采用外观设计特别法或版权法保护工业品外观设计。

鉴于各国外观设计的法律所规定的保护方式和程度存在差异，TRIPS 协议对工业品外观设计的保护给以灵活的处理。在规定成员方具有保护外观设计的强制性义务的前提下，允许成员方在满足协议所规定的最低条件下，自由选择其认为合适的方式进行保护。

各国专利法对专利客体保护的期限规定不尽相同，长则 20 年，短则几年，发达国家一般为 15~20 年，发展中国家为 10~15 年。世界贸易组织通过的 TRIPS 协议规定发明专利是 20 年，自申请之日起计算，所有 WTO 成员方都要遵守该协议的规定。

专利权期限一般不可延长，只有在特殊情况下，可续展一次。法律规定专利期满后，专利权自动消失，进入公有领域，任何人都可以无偿使用该技术。

第二节　专利权

一、授予专利权的条件

一项发明创造完成后，要取得专利权，就必须向专利局提出申请，经审查符合授权条件后，专利局才能授予专利权。

我国专利法规定：授予专利权的发明和实用新型，应当具备新颖性、创造性和实用性。

新颖性：指该发明或者实用新型不属于现有技术；也没有任何单位或者个人就同样的发明或者实用新型在申请日以前向国务院专利行政部门提出过申请，并记载在申请日以后公布的专利申请文件或者公告的专利文件中。现有技术，是指申请日以前在国内外为公众所知的技术。

创造性：指与现有技术相比，该发明具有突出的实质性特点和显著的进步，该实用新型具有实质性特点和进步。

实用性：指该发明或者实用新型能够制造或者使用，并且能够产生积极效果。

我国专利法还规定：授予专利权的外观设计，应当不属于现有设计；还应当同申请日以前在国内外出版物上公开发表过或者国内公开使用过的外观设计不相同或者不相近似。

从上述的专利授权条件来看，发明和实用新型应具有"三性"，而外观设计实质上只要求具备新颖性。

必须指出，专利法并不是对所有具备上述条件的发明创造都给予保护。各国专利法一般都明文规定，对某些发明创造不授予专利权，一种是不符合国家和公众利益的发明创造，另一种是不适宜给予保护的发明创造。我国专利法明确规定，对违反国家法律、社会公德或者妨碍公共利益的发明创造，不授予专利权。例如赌博和吸毒工具、制造伪钞机器和会造成环境严重污染的生产工艺等。

我国专利法还规定对下列各项，不授予专利权：

（1）科学发现。

（2）智力活动的规则和方法。

（3）疾病的诊断和治疗方法。

（4）动物和植物品种。

（5）用原子核变换方法获得的物质。

上列各项中，有的属于不适宜授予专利权的，例如用原子核变换方法获得的物质，通常涉及国防，有一定的保密性，既不宜公开，也不宜为发明人垄断，因而不适合用专利方式予以保护。

二、专利权的内容

专利权是指专利权人对其发明创造依法享有的各种权利，这些权利的主体是对其发明创造的独占权和允许他人实施其专利的许可权，其他还包括专利可转让给他人等权利。专利权人对其发明创造的独占权，可以从产品专利和方法专利两种情况分别予以说明。

对于产品专利，以下四种行为具有独占性，受到大部分国家专利法的保护：

（1）制造该产品。

（2）使用该产品。

（3）销售该产品。

（4）进口该产品。

对于方法专利，以下四种行为具有独占性，受到大部分国家专利法的保护：

（1）使用该方法。

（2）使用依该方法直接获得的产品。

（3）销售依该方法直接获得的产品。

（4）进口依该方法直接获得的产品。

对专利方法的保护实际上延及对产品的保护，只要专利方法是用于或可以用于制造产品的，则依该方法直接获得的产品也受到保护。如果专利方法只能用于制造产品以外的目的，则只有第一种行为（使用该方法）是受保护行为。

我国专利法对上述这些行为均予以保护，任何单位或个人未经专利权人许可，为生产经营目的制造、使用、销售或进口其专利产品，或者使用其专利方法以及使用、销售或进口依照该专利方法直接获得的产品，都属于侵犯专利权的行为。

产品专利和方法专利都涉及对产品的保护，但两者是有区别的。产品专利对产品的保护是绝对的，他人不经专利权人的许可，用任何方法制造相同的产品都是侵权行为，也就是说，他人即使使用与专利权人不同的方法制造产品，只要产品与专利产品相同，就属侵权。方法专利对产品的保护是相对的，只有按专利方法制造的产品才受到保护，如果他人使用了其他方法制造相同的产品，则不构成侵权行为。

专利权包括两类权利，即人身权和财产权。

（一）人身权

《中华人民共和国专利法》（以下简称《专利法》）第17条规定："发明人或者设计人有在专利文件中写明自己是发明人或者设计人的权利。"严格来说，人身权不属于专利权，因为专利权人不一定就是发明人，即使专利权人与发明人为同一人，专利权转让时，专利权人要发生改变，发明人的身份却永远不会改变。所以，专利权的内容主要是财产权。

（二）财产权

1. 独占实施权

独占实施权包括两方面含义：一是专利权人自己有独占实施其专利发明的权利；二是专利权人有排除他人未经其许可而实施专利发明的权利。独占实施权的第一个方面是指专利权人有使用、生产制造、许诺销售、销售、进口其专利产品的权利，或者使用其专利方法以及使用、许诺销售、销售、进口依照该专利方法直接获得的产品的权利。独占实施权的第二个方面是指专利权人有禁止的权利。具体是指：

（1）禁止他人实施其专利的权利。技术发明人花费大量时间、精力、物力创造的技术发明，希望通过自己实施获得技术的垄断优势，充分回收其投资，并取得更大的经济利益。如果不能通过专利途径，达到禁止他人随意利用其发明的目的，专利权也就毫无意义。

（2）禁止他人擅自制造专利产品的权利。制造专利产品就是将专利文件中描述的产品在生产中加以实现。

（3）禁止他人许诺销售专利产品的权利。许诺销售专利产品，是指对专利产品进行广告宣传。其他人未经权利人允许进行非法广告宣传，专利权人也有权禁止。

（4）禁止他人销售专利产品的权利。

（5）禁止他人进口专利产品的权利。进口专利产品，是指将专利产品或包括专利产品的物品从国外进口到专利权有效的国家或地区。只要未经专利权人允许，就构成进口专利产品的侵权行为。

（6）禁止他人使用专利方法的权利。

（7）禁止他人擅自使用、许诺销售、销售、进口依照专利方法直接获得的产品的权利。

2. 许可权

许可权是指在专利权人如不具备实施专利的条件，或自己实施尚不能满足市场需求的条件下，有权许可他人实施其专利的权利，但必须订立书面实施许可合同。

3. 转让权

专利权人有权根据自己的意愿依法将专利权转让给他人。这种转让是专利权人按照买卖合同的方式将专利权出售给他人。专利权转让后，专利权人依法享有的各项权利、义务全部转移，归受让人所享有，受让人成为专利权人。

4. 标记权

根据《专利法》的规定，专利权人有权在其专利产品或该产品的包装上标明专利标记或专利号。标明专利标记或专利号的目的有三方面：

（1）声明有关产品为专利产品，能提高产品的信誉。

（2）警告他人不得侵犯专利权人的权利。

（3）有利于专利和司法机构处理专利侵权纠纷。有的国家规定，如未标明专利标记或专利号，专利权受到侵犯时，就只能要求制止侵权行为，而不能要求经济赔偿。

5. 放弃权

由于他人对专利权的有效性提出异议，或者因时间推移专利本身已经失去其价值，专利权人感到没必要或不愿意继续维持其专利权的有效性，专利权人有权主动放弃专利权。放弃专利权可以采取停止缴纳年费的办法，也可以书面方式向专利局声明放弃。专利权放弃后，专利技术即成为公有财产，任何人均可无偿使用。

6. 请求保护权

在专利权受到侵犯时，专利权人有权向专利管理机构提出，要求制止侵权行为，也可以直接向人民法院提起诉讼，要求排除侵害，赔偿经济损失。

第三节　专利权的保护

一、专利权的保护范围

发明或者实用新型专利权的保护范围以其权利要求的内容为准，说明书及附图可以用于解释权利要求的内容。外观设计专利权的保护范围以表示在图片或者照片中的该产品的外观设计为准。

二、专利侵权与处理

(一) 专利侵权的概念

《专利法》第 60 条规定:"未经专利权人许可,实施其专利,即侵犯其专利权,引起纠纷的,由当事人协商解决;不愿协商或者协商不成的,专利权人或者利害关系人可以向人民法院起诉,也可以请求管理专利工作的部门处理。"

(二) 专利侵权的处理

1. 责令侵权人立即停止侵权行为

管理专利工作的部门处理时,认定侵权行为成立的,可以责令侵权人立即停止侵权行为,当事人不服的,可以自收到处理通知之日起 15 日内依照《中华人民共和国行政诉讼法》向人民法院起诉;侵权人期满不起诉又不停止侵权行为的,管理专利工作的部门可以申请人民法院强制执行。

2. 赔偿损失

侵犯专利权的赔偿数额按照权利人因被侵权所受到的实际损失确定;实际损失难以确定的,可以按照侵权人因侵权所获得的利益确定。权利人的损失或者侵权人获得的利益难以确定的,参照该专利许可使用费的倍数合理确定。赔偿数额还应当包括权利人为制止侵权行为所支付的合理开支。权利人的损失、侵权人获得的利益和专利许可使用费均难以确定的,人民法院可以根据专利权的类型、侵权行为的性质和情节等因素,确定由侵权人给权利人 1 万元以上 100 万元以下的赔偿。

3. 责令改正并予公告,没收违法所得,并处罚款

假冒专利的,除依法承担民事责任外,由管理专利工作的部门责令改正并予以公告,没收违法所得,可以并处违法所得 4 倍以下罚款;没有违法所得的,可以处 20 万元以下罚款。

4. 依法追究刑事责任

假冒他人专利,侵权人除承担民事责任外,构成犯罪的,依法追

究刑事责任。假冒他人专利不仅损害了专利权人的利益，而且损害了社会公共利益，应从重从严处理。

第四节　工业品外观设计

一、工业品外观设计的含义

工业品外观设计是指物品的装饰性或富有美感的特点。它可以具有立体特征，如物品的形状或外表，也可具有平面特征，如图案、线条或颜色。

工业品外观设计广泛地应用于工业和手工艺产品上：例如医疗仪器、手表、珠宝、家庭用具、电器、交通工具、建筑结构、纺织品图案、休闲商品及其他奢侈品。

根据大多数国家的法律，工业品外观设计必须能引人注目。这意味着工业品外观设计涉及的主要是美学上的性质，而不保护其所应用的物品的任何技术性特征。

二、保护的法律

1. 工业品外观设计法

在大多数国家中，工业品外观设计必须注册才能受到工业品外观设计法的保护。

一般来讲，外观设计必须"新颖"或"具有原创性"，只有这样才能予以注册。不同国家对这些术语有不同的定义，注册程序本身也互不相同。通常情况下，"新颖"是指已知以前从未有过任何相同或非常近似的外观设计。外观设计一经注册，即被授予注册证。

2. 版权法

依据具体的国内法和外观设计的类型，外观设计也可作为艺术作品受版权法保护。

在一些国家，工业品外观设计和版权保护可以并存。而在另一些国家，这两种保护却相互排斥：注册人一旦选定一种保护，便不能再申请另一种保护。

3. 反不正当竞争法

在某些国家，也可以根据反不正当竞争法来保护工业品外观设计，以防止其被仿制。

三、保护的内容

受保护的工业品外观设计的权利人有权阻止其他人未经授权复制或仿制其外观设计，而且还有权制造、提供、进口、出口或销售任何含有或使用该外观设计的产品；还可以根据双方议定的条款，许可或授权其他人使用外观设计。权利人还可以将工业品外观设计的权利出售给他人。

四、保护的期限

根据工业品外观设计法，保护期通常为 5 年，并且可以续展，最多为 15 年。根据我国的《专利法》，外观设计保护期限是 10 年。

五、保护的意义

工业品外观设计能使物品富有吸引力并能引起人们的注意，因此能增加产品的商业价值，并能提高其销售力。保护工业品外观设计，有助于确保投资得到公平回报，增强企业对抗竞争对手复制和仿制外观设计的竞争能力，提高公司的商业价值（因为成功的工业品外观设计本身便是企业资产），还有助于鼓励工业和制造业以及传统艺术和手工艺业的创造性活动。

课程项目

1. 基本专利数量是衡量一个国家技术进步程度的一个重要指标，搜索和整理我国的国际专利的年申请数量、授权数量以及专利持有量排名居前的公司企业，并由此分析企业的国际竞争力。

2. 分组讨论能不能从外观设计的角度来考虑保护北京比较有特色的建筑"鸟巢、鸟蛋、鸟腿"。

第十四章　计算机软件和集成电路布图设计的保护

开篇案例：北京查处首起利用盗版加密锁侵犯软件著作权案[1]

近日，北京市文化市场行政执法总队对北京某咨询有限公司未经软件著作权人许可，复制著作权人软件的行为进行了查处，给予该公司没收侵权复制品36套软件加密锁、罚款21.12万元的行政处罚。该案是北京市文化市场行政执法总队查办的首起利用盗版加密锁侵犯软件著作权的案件。

据介绍，4月16日，北京市文化市场行政执法总队接到举报称，北京某咨询有限公司未经其许可，复制著作权人软件。经查证，该公司于2018年10月至2019年5月，通过网上购得盗版加密锁，非法复制著作权人的两款软件用于商业教学，无违法所得。该公司的行为侵犯了著作权人的合法权益，扰乱了经济秩序，损害了公共利益。北京市文化市场行政执法总队相关负责人表示，随着软件的大规模使用，侵权现象屡禁不止，该案对侵权方给予大额罚款，给培训机构、建筑企业等敲响了警钟，同时有利于提高权利人的著作权保护意识。

第一节　计算机软件的界定

一、计算机软件的概念和分类

（一）计算机软件的概念

1978年，世界知识产权组织（WIPO）发表的《保护计算机软件

---

[1] 中国知识产权报. 北京查处首起利用盗版加密锁侵犯软件著作权案［EB/OL］. (2019-07-22). http://www.ipr.gov.cn/article/gnxw/bq/201907/1939243.html.

示范法》给计算机软件下了如下定义："计算机软件（computer software）包括程序、程序说明和程序使用指导三项内容。'程序'是指在与计算机可读介质合为一体后，能够使计算机具有信息处理能力，以标志一定功能，完成一定任务或产生一定结果的指令集合。"

世界上大多数国家和国际组织原则上采用上述定义，并结合实际进行适当修改。我国2001年12月20日颁布的《计算机软件保护条例》第2条规定：计算机软件是指计算机程序及其文档。第3条规定：计算机程序，是指为了得到某种结果而可以由计算机等具有信息处理能力的装置执行的代码化指令序列，或者可以被自动转换成代码化指令序列的符号化指令序列或者符号化语句序列；文档，是指用来描述程序的内容、组成、设计、功能规格、开发情况、测试结果及使用方法的文字资料和图表等，如程序设计说明书、流程图、用户手册等。由此可见，程序是计算机软件的关键，能体现其功能和价值，而文档只是程序的附属部分，对程序起到说明和介绍的作用。

计算机软件是一个编辑的作品，同时又具有很强的技术性、功能性和工具性。从法律角度来看，计算机软件专有权具有版权和专利权保护的双重性。

（二）计算机软件的分类

（1）计算机软件总体分为系统软件和应用软件两大类。

①系统软件负责管理计算机系统中各种独立的硬件，使它们可以协调工作。系统软件包括操作系统和一系列基本的工具，如Windows、Linux、UNIX等各类操作系统，还包括操作系统的补丁程序及硬件驱动程序。

②应用软件是为了某种特定的用途而被开发的软件。它可以是一个特定的程序，比如一个图像浏览器；也可以是一组功能联系紧密、可以互相协作的程序的集合，比如微软的Office软件。应用软件细分的种类很多，如工具软件、游戏软件、管理软件等都属于应用软件类。

(2)计算机软件还可分为通用软件和专用软件。

通用软件隶属于应用软件，包括操作系统软件、文字处理软件、报表处理软件、企业管理软件、多媒体应用软件等。按目标群体应用分类，通用软件亦可分为个人消费类通用软件、商业应用类通用软件。

专用软件是根据某单位的委托而开发的一套该单位专用的软件系统，一般开发合同对于软件要完成的功能已经有了比较清楚的规定。

二、计算机软件著作权

（一）软件著作权的客体

软件著作权的客体是指计算机软件，即计算机程序及其有关文档。对软件著作权的保护，不延及开发软件所用的思想、处理过程、操作方法或者数学概念等。受保护的软件必须由开发者独立开发，并已固定在某种有形物体上，而非存在于开发者的头脑中。软件一经开发出来，无论是否发表，都依法享有著作权。

（二）软件著作权的内容

根据《软件著作权保护条例》第8条，软件著作权人享有下列各项权利：

（1）发表权，即决定软件是否公之于众的权利。

（2）署名权，即表明开发者身份，在软件上署名的权利。

（3）修改权，即对软件进行增补、删节，或者改变指令、语句顺序的权利。

（4）复制权，即将软件制作一份或者多份的权利。

（5）发行权，即以出售或者赠与方式向公众提供软件的原件或者复制件的权利。

（6）出租权，即有偿许可他人临时使用软件的权利，但是软件不是出租的主要标的的除外。

（7）信息网络传播权，即以有线或者无线方式向公众提供软件，使公众可以在其个人选定的时间和地点获得软件的权利。

（8）翻译权，即将原软件从一种自然语言文字转换成另一种自然语言文字的权利。

（9）应当由软件著作权人享有的其他权利。

此外，软件著作权人可以许可他人行使其软件著作权，并有权获得报酬；软件著作权人还可以全部或者部分转让其软件著作权，并有权获得报酬。许可和转让软件著作权的，应当订立书面合同。

（三）软件著作权人及其权利归属

软件著作权属于软件开发者，如无相反证明，在软件上署名的自然人、法人或者其他组织为开发者。软件著作权自软件开发完成之日起产生。

由两个以上的自然人、法人或者其他组织合作开发的软件，其著作权的归属由合作开发者签订书面合同约定。无书面合同或者合同未做明确约定，合作开发的软件可以分割使用的，开发者对各自开发的部分可以单独享有著作权；但是，行使著作权时，不得扩展到合作开发的软件整体的著作权。合作开发的软件不能分割使用的，其著作权由各合作开发者共同享有，通过协商一致行使；不能协商一致，又无正当理由的，任何一方不得阻止他方行使除转让权以外的其他权利，但是所得收益应当合理分配给所有合作开发者。

委托开发的软件，其著作权的归属由委托人与受托人签订书面合同约定；无书面合同或者合同未做明确约定的，其著作权由受托人享有。自然人在法人或者其他组织中任职期间所开发的软件有下列情形之一的，该软件著作权由该法人或者其他组织享有，该法人或者其他组织可以对开发软件的自然人进行奖励：

（1）针对本职工作中明确指定的开发目标所开发的软件。

（2）开发的软件是从事本职工作活动所预见的结果或者自然的结果。

（3）主要使用了法人或者其他组织的资金、专用设备、未公开的专门信息等物质技术条件所开发并由法人或者其他组织承担责任的软件。

（四）软件著作权的期限

软件著作权自软件开发完成之日起产生，自然人的软件著作权，保护期为自然人终生及其死亡后 50 年，截至自然人死亡后第 50 年的 12 月 31 日；软件是合作开发的，截至最后死亡的自然人死亡后第 50 年的 12 月 31 日。

法人或者其他组织的软件著作权，保护期为 50 年，截至软件首次发表后第 50 年的 12 月 31 日，但软件自开发完成之日起 50 年内未发表的，不再保护。

（五）软件著作权的限制

为了维护社会公众利益，保障软件的正常使用，促进软件开发技术的发展，《计算机软件保护条例》规定了软件著作权的限制：

（1）合理使用。为了学习和研究软件内含的设计思想和原理，通过安装、显示、传输或者存储软件等方式使用软件的，可以不经软件著作权人许可，不向其支付报酬。

（2）用户的权利。软件的合法复制品所有人享有下列权利：根据使用的需要把该软件装入计算机等具有信息处理能力的装置内；为了防止复制品损坏而制作备份复制品。这些备份复制品不得通过任何方式提供给他人使用，并在所有人丧失该合法复制品的所有权时，负责将备份复制品销毁；为了把该软件用于实际的计算机应用环境或者改进其功能、性能而进行必要的修改；但是，除合同另有约定外，未经该软件著作权人许可，不得向任何第三方提供修改后的软件。

（3）相似的开发。软件开发者开发的软件，由于可供选用的表达方式有限而与已经存在的软件相似的，不构成对已经存在的软件著作权的侵犯。

第二节　计算机软件的保护

数字化信息时代，计算机软件技术飞速发展，计算机软件产业的发展程度对一个国家的社会经济影响也越来越大。因此，应该加强对计算机软件的保护，以保护软件开发者的应得利益和持续投入研发的积极性，推动计算机技术的不断发展。

保护计算机软件的有关法律，包括国内法和国际法律规范。

一、保护计算机软件的国内法

就国内法而言，保护计算机软件的法律有以下几种：

（一）著作权法保护

目前，世界上大多数国家都采用著作权法保护计算机软件，这种保护方式是20世纪70年代由菲律宾首先采用的，1980年美国在修订版权法时明确规定：计算机软件属于版权法的保护范围。欧共体（欧盟的前身）在1991年颁布的《欧共体计算机程序法保护指令》中明确要求各成员方对计算机程序要视为伯尔尼公约所规定的文学作品给予著作权法的保护。《中华人民共和国著作权法》第3条明文规定著作权法保护的作品包括计算机软件。实际上，用著作权法保护计算机软件，在一定程度上与计算机软件的特征和快速发展相契合。计算机软件中的文档具有作品的特征，软件作品自创作完成就自动获得著作权保护，这降低了法律保护的门槛，使计算机软件更容易获得保护。但著作权法只保护作品的表达形式，不保护其思想。而计算机软件是表达与思想高度统一的智力作品，最需要保护的是其思想。同时，计算机程序带有明显的工具性的技术特征，具有很强的专用性特点，著作权法对此保护力度不强。另外，软件具有生命周期短、更新换代快的特点，这和著作权保护的期限长不相适应。所以，不少国家在著作权法下还制定了专门保护计算机软件的单行条例，针对计算机软件的特点，给予更完善的保护。

（二）专门法保护

国际上，很多国家如日本、巴西、韩国等都曾考虑用专门法来保护计算机软件。我国依照《中华人民共和国著作权法》的规定，在1991年6月4日，由国务院颁布了《计算机软件保护条例》。2001年12月20日又根据新修订的《中华人民共和国著作权法》，颁布了新的《计算机软件保护条例》,并且在 2011 年 1 月和 2013 年 1 月分别进行了两次修订,更为详细地规定了软件性质、权利归属及使用情况等。这标志着我国对计算机软件的保护法律不断完善,也给世界各国树立了一个良好的榜样。

(三) 专利法保护

专利法保护方式的保护力度大、范围广,且具有很强的排他性,对计算机软件的保护作用很强。在对计算机软件保护的初期,人们首先想到的也是专利保护模式。但在 1981 年之前,美国对软件基本不授予专利权。在其影响下,1973 年缔结的《欧洲专利公约》也规定软件不是可专利客体。直到 20 世纪 80 年代后,大多数国家才放松了计算机软件申请专利权的审查标准。从 1981 年到 90 年代后期,美国立法界和司法界都倾向于用专利法保护计算机软件和硬件紧密结合的计算机软件发明。从 90 年代末期以来,美国进入软件专利扩大保护阶段,商业方法软件被大量授予专利。欧洲专利局(European Patent Office,EPO)也随着美国态度的转变逐渐改变立场,将专利法保护范围扩展到了一部分与计算机软件相关的发明。但是用专利法保护计算机软件也存在一些缺陷:专利申请审查严格,计算机软件很难符合新颖性、创造性和实用性的标准;专利审查手续复杂,申请时间长,对于更新换代快的计算机软件不利。

(四) 商业秘密保护

以商业秘密的方式保护计算机软件,能够比较严密地对计算机软件的核心思想和技术进行保护,从而能保证软件开发者的市场竞争优势地位,获取更大利益。但商业秘密的法律保护机制相对较弱,一旦被泄露公开就不再是法律保护的商业秘密。软件权人对计算机软件进行保密意味着有一定的成本投入,保护到何种程度依据软件本身的价值。但技术人员通过破解加密以及反向过程容易得到软件的源代码,计算机软件作为商业秘密便失去了其价值。[1] 所以,商业秘密保护只

---

[1] 刘琳娜. 论计算机软件的法律保护模式 [J]. 法制与经济,2018 (7): 58 - 59.

能作为著作权和专利保护的辅助保护措施。

二、计算机软件的国际保护

在国际上，保护计算机软件主要是保护著作权的国际公约，即《世界版权公约》和《保护文学艺术作品伯尔尼公约》，但是很显然，这两个公约对保护计算机软件并不完备。因此，人们也希望有一个国际上统一的保护计算机软件公约。世界知识产权组织（WIPO）1983年提出了一份《计算机软件保护条约》草案，为缔结一项保护计算机软件的国际公约开辟了道路。1995年1月1日生效的《TRIPS协议》第10条规定："计算机程序，无论是原始资料还是实物代码，应根据《伯尔尼公约》（1971）作为文学作品来保护。"

从上面所介绍的关于计算机软件的法律保护形式可以看出，目前大多数国家对计算机软件的保护，基本上采用的是专利法、版权法或专门法规的保护方式。国际上虽有世界知识产权组织拟定的《计算机软件保护条约》草案，但尚未得到普遍响应。目前最有效的保护计算机软件的国际公约还是TRIPS协议。总之，对计算机软件的保护至今还很不完善，各个国家需要共同努力，才能较好地解决计算机软件的法律保护问题。

三、计算机软件的侵权行为和处理

除法律另有规定外，有下列侵权行为的，应当根据情况，承担停止侵害、消除影响、赔礼道歉、赔偿损失等民事责任（第23条）：

（1）未经软件著作权人许可，发表或者登记其软件的。

（2）将他人软件作为自己的软件发表或者登记的。

（3）未经合作者许可，将与他人合作开发的软件作为自己单独完成的软件发表或者登记的。

（4）在他人软件上署名或者更改他人软件上的署名的。

（5）未经软件著作权人许可，修改、翻译其软件的。

（6）其他侵犯软件著作权的行为。

除法律、行政法规另有规定外，未经软件著作权人许可，有下列侵权行为的，应当根据情况，承担停止侵害、消除影响、赔礼道歉、赔偿损失等民事责任；同时损害社会公共利益的，由著作权行政管理部门责令停止侵权行为，没收违法所得，没收、销毁侵权复制品，可以并处罚款；情节严重的，著作权行政管理部门可以没收主要用于制作侵权复制品的材料、工具、设备等；触犯刑律的，依照刑法关于侵犯著作权罪、销售侵权复制品罪的规定，依法追究刑事责任（第24条）：

（1）复制或者部分复制著作权人的软件的。

（2）向公众发行、出租、通过信息网络传播著作权人的软件的。

（3）故意避开或者破坏著作权人为保护其软件著作权而采取的技术措施的。

（4）故意删除或者改变软件权利管理电子信息的。

（5）转让或者许可他人行使著作权人的软件著作权的。

有前款第（1）项或者第（2）项行为的，可以并处每件100元或者货值金额1倍以上5倍以下的罚款；有前款第（3）项、第（4）项或者第（5）项行为的，可以并处20万元以下的罚款。

对触犯刑律的，依照刑法关于侵犯著作权罪、销售侵权复制品罪的规定，依法追究刑事责任。全国人大常委会《关于惩治侵犯著作权的犯罪的决定》加大了打击侵犯著作权行为的力度，规定了刑法处理原则。

第三节 集成电路布图设计的界定

集成电路也就是通常所说的芯片，是整个电子产业的基础，是信息产业的核心，是现代科技进步中发展最快、渗透力最强、应用范围最广的关键技术。20世纪70年代以来，集成电路布图设计已成为一个独立的技术领域，同时也成为仿制者掠取的对象。因此，将其作为知识产权的一种新的保护对象，进行有效法律保护是集成电路布图设计和集成电路发展的必然趋势。

一、集成电路和集成电路布图设计的概念

世界知识产权组织《关于集成电路知识产权条约》第 2 条规定："集成电路,是指一种产品,在它的最终形态或中间形态全部或部分互连或集成在一块材料之中和/或之上,以执行某种电子功能"。

对集成电路布图设计(以下大部分简称"布图设计")的定义是:"集成电路布图设计",是指"集成电路多个元件(其中至少有一个是有源元件),和其部分或全部集成电路互连的三维配置,或者是为了集成电路制造而准备的这样的三维配置。"

我国《集成电路布图设计保护条例》也沿用了上述定义,并对集成电路布图设计用语的含义做了如下规定:"集成电路,是指半导体集成电路,即以半导体材料为基片,将至少有一个是有源元件的两个以上元件和部分或者全部互连线路集成在基片之中或者基片之上,以执行某种电子功能的中间产品或者最终产品。"

"集成电路布图设计,是指集成电路中至少有一个是有源元件的两个以上元件和部分或者全部互连线路的三维配置,或者为制造集成电路而准备的上述三维配置。"

二、集成电路布图设计专有权的概念和性质

1. 布图设计专有权的概念

布图设计专有权是依法获得的权利,权利人拥有商业利用权,以实现布图设计的价值,权利人拥有禁止他人不经许可将受保护的布图设计、含有布图设计的集成电路或含有集成电路的物品投入商业利用;因此,布图设计专有权是一种排他性的权利、财产性的权利,反映的是布图设计专有权人与其他商业利用人之间的社会财产关系。

2. 集成电路布图设计的性质

集成电路布图设计是一种知识产权保护的新客体。从法律的角度来看,其具有著作权法保护客体的作品性,因为著作权法保护的作品包括工程设计图、产品设计图等。集成电路布图设计,就是集成电路的设计图。从专利法的角度来看,集成电路布图设计具有专

利法所要求的创造性和工业实用性，但又缺少专利法要求的新颖性，以致简单采用《著作权法》或是用《专利法》都难以对其提供恰当的保护。因此，很多国家都先后采取专门立法，将集成电路布图设计当作一种独立的知识产权保护客体，对其给予直接而有效的保护。例如，美国制订了《1984年半导体芯片保护法》（Semiconductor Chip Protection Act of 1984）；日本1985年公布了《关于半导体集成电群的电路布局法》（Act Concerning the Circuit layout of a Semiconductor Integrated Circuit）；欧共体1986年发出《关于半导体电路布图保护问题立法的指示》，要求各国自行决定立法形式，加强对集成电路布图设计的法律保护。

目前，对集成电路布图设计的法律性质尚无明确的界定。不过，2000年6月24日我国颁布的《鼓励软件产业和集成电路产业发展的若干政策》第50条指出："集成电路设计产品视同软件产品，受知识产权方面的法律保护。国家鼓励对集成电路产品进行评测和登记。"同时，第51条还指出："集成电路设计业视同软件产业，适用软件产业有关政策。"由此可见，集成电路布图设计和计算机软件具有相同的法律性质。

三、取得布图设计专有权的条件

取得布图设计专有权有两个条件：积极条件和法律条件。

（一）积极条件

布图设计要具有独创性（originality）。独创性包含两层含义：

（1）布图设计应当是通过创作者自己的智力劳动完成的。

（2）在创作者创作时，该布图设计不是公认的常规设计。如果是常规设计组成的布图设计，其组合作为整体也要符合独创性的要求，才能受法律保护。

（二）法律条件

取得布图设计专有权的两个法律条件是：

（1）要向国家知识产权行政部门履行登记手续，不履行登记手续的，不能取得布图设计专有权。如果布图设计在世界任何地方已开始商业使用，也需要在规定的期限内（2年）向主管部门履行登记，过期不登记的，主管部门不再予以登记。换言之，登记是取得布图设计专有权的决定性条件。

（2）《华盛顿公约》和《TRIPS协议》规定，可以以实施或以登记作为布图设计专有权产生的条件。与我国规定不同，它们赋予成员选择权。

四、布图设计专有权的保护期限

我国《集成电路布图设计保护条例》第12条规定："布图设计的保护期为10年，自布图设计登记申请之日或者在世界任何地方首次投入商业利用之日起计算，以较前日期为准。"这项规定和《TRIPS协议》的规定相同；《华盛顿公约》规定保护期为8年。

五、布图设计专有权的权利范围

1. 复制权

复制是指重复制作布图设计，或者重复制作含有该布图设计的集成电路的行为。

2. 商业利用权

商业利用包括：

（1）为商业目的进口、销售或者以其他方式提供受保护的布图设计。

（2）为商业目的进口、销售或者以其他方式提供含有受保护的布图设计的集成电路。

（3）为商业目的进口、销售或者以其他方式提供含有该集成电路的物品。

我国《集成电路布图设计保护条例》的这项规定和《TRIPS协议》的规定相同。但《华盛顿条约》只规定了布图设计复制权和商业利用权的第（1）项和第（2）项，未规定第（3）项。

第四节 集成电路布图设计的法律保护

一、保护的客体

集成电路布图设计的法律保护客体是集成电路布图设计,不延及思想、处理过程、操作方法或者数学概念等。换言之,法律保护客体是集成电路布图设计,而非集成电路本身,也不延及思想、处理过程、操作方法或者数学概念等。这一特点与著作权法保护的特点一致。

二、集成电路布图设计法律保护的必要性

(1) 集成电路布图设计是人们的智力劳动成果,是创作者经过创造性劳动获得的,具有价值和使用价值。因此,其依法所获得的专用权是一种财产性的权利。

(2) 集成电路布图设计水平是衡量一个国家综合国力和产业发展水平的重要标准之一。集成电路是当前发展最快、最有活力的技术领域之一,是信息产业的基础。因此,1989 年 5 月 26 日,世界知识产权组织在美国华盛顿通过了《关于集成电路的知识产权条约》(简称《华盛顿公约》)。WTO 的《TRIPS 协议》第 35~38 条,对集成电路布图设计提出了明确的保护要求,并援引了《华盛顿公约》实体条款的规定。我国是《华盛顿公约》的签字方,又是世界贸易组织的成员方,因此,我国在 2001 年 4 月 28 日国务院第 36 次常务会议上通过了《集成电路布图设计保护条例》。这充分说明世界各国对集成电路布图设计的法律保护非常重视。

(3) 集成电路布图设计盗版严重损害创作者的利益。集成电路布图设计盗版(chip piracy)日益猖獗。集成电路布图设计开发成本很高,而盗版者却避开了昂贵的研发费用,坐享其成,这不但严重损害了创作者的利益,也大大挫伤了创作者的积极性,严重影响了各国集成电路产业的发展。

（4）加强集成电路布图设计法律保护是发展我国集成电路产业的需要。目前，我国集成电路产业已初具规模，但是与工业发达国家相比仍存在很大差距。根据有关资料，目前，我国需要的高端芯片100%、低端芯片70%需要进口。这种局面不但使我国多种产业对外依赖大、受制于人，而且对我国多种产业发展构成严重的障碍。因此，通过立法，建立布图设计专有权保护制度，保护布图设计创作者的合法利益，是加速我国集成电路产业发展、提高我国集成电路布图设计水平的迫切需要。

三、对布图设计专有权的限制

保护布图设计专有权的目的主要是对布图设计专有权提供充分的保护，但又不能阻碍集成电路技术的创新和科学技术的发展。因此，需要对布图设计专有权加以适当的限制。

1. 合理利用

我国《集成电路布图设计保护条例》第 23 条规定，下列行为可以不经布图设计权利人的许可，不向其支付报酬：

（1）为个人目的或者单纯为评价、分析、研究、教学等目的而复制受保护的布图设计的。

（2）在依据前项评价、分析受保护的布图设计基础上，创作出具有独创性的布图设计的。

（3）对自己独立创作的与他人相同的布图设计进行复制或者将其投入商业利用的。

2. 权利用尽

受保护的布图设计、含有该受保护的布图设计的集成电路或者含有该集成电路的物品，由布图设计权利人或者经许可投放市场后，他人再次商业利用的，可以不经布图设计权利人的许可，不向其支付报酬。

3. 善意使用

善意使用，是指商业利用者不知道也没有合理理由应当知道，物品中含有受保护的布图设计的集成电路，或者含有非法复制的布图设计的集成电路，而将其投入商业利用的，不视为侵权。但是，在其得到物品含有非法复制的布图设计的集成电路的明确通知后，继续销售存货或将此前的订货投入商业利用的，应当向布图设计权利人支付合理的报酬。

4. 非自愿许可

对非自愿许可，我国吸收了《华盛顿公约》的有关规定，同时又根据我国国情，在《集成电路布图设计保护条例》第 25 条做了如下规定：在国家出现紧急状态或者非常情况时，或者为了公共利益的目的，或者经人民法院、不正当竞争行为监督检查部门依法认定布图设计权利人有不正当竞争行为而需要给予补救时，国务院知识产权行政部门可以给予使用其布图设计的非自愿许可，而且使用范围应当限于为公共目的的非商业性使用。

《TRIPS 协议》做了比较严格的规定，要求使用者按该协议第 31 条（a）~（k）规定的条件，使用非自愿许可，而且要向权利人支付报酬。报酬的金额相当于许可使用费。

四、侵犯布图设计专有权的表现及处理办法

（一）侵犯布图设计专有权的表现

（1）复制受保护的布图设计的全部或者其中任何独创性的部分。

（2）为商业目的的进口、销售或者以其他方式提供受保护的布图设计、含有该布图设计的集成电路或含有该集成电路的物品。

（二）处理办法

1. 行政处理

处理的部门为国务院知识产权行政部门，省级和省级以下的知识产权行政部门无权处理。

处理的方式一般为民事处理，调解、责令侵权人立即停止侵权行为，没收、销毁侵权产品或者物品。

2. 司法处理

布图设计权利人或者利害关系人发现他人侵犯其布图设计专有权时，可以向人民法院起诉。根据最高人民法院《关于开展涉及集成电

路布图设计案件审判工作的通知》，案件可以由省、自治区、直辖市以及经济特区所在地中级人民法院进行初审。处理的方式，主要是判定侵权者承担民事责任，目前还没有追究刑事责任的规定。

五、集成电路布图设计专有权贸易

集成电路布图设计专有权贸易，主要是指专有权的许可和转让，其合同形式为许可合同和转让合同。例如，我国《集成电路布图设计保护条例》第22条规定，"布图设计权利人可以将其专有权转让或者许可他人使用其布图设计"。

集成电路布图设计许可和转让合同与计算机软件许可和转让合同类似，故不需详细介绍。但值得注意的是：

（1）转让布图设计专有权，当事人要签订书面转让合同，并且要向国务院知识产权行政部门登记、公告。布图设计专有权转让合同自登记之日起生效。

（2）许可他人使用布图设计，当事人要订立布图设计使用许可合同。许可合同签订后不需履行登记手续。

课程项目

计算机软件和集成电路布图设计是现代信息技术产业发展的关键，也是目前国际竞争的焦点。我国作为后起的科技大国，正在加紧该领域的研发投入，争取打赢这场科技领域的"世界大战"。

1. 分组搜索整理我国计算机软件著作权登记信息（包括年度登记数量、技术领域、所属公司），找出排名前10的科技公司，分析这些企业的国际竞争力。

2. 分组搜索整理我国集成电路布图设计的登记信息（包括年度登记数量、技术领域、所属公司），找出排名前10的科技公司，分析这些企业的国际竞争力。

第十五章　商业秘密的保护

开篇案例：男子带走商业秘密，2年后开3家公司跟老东家竞争

　　浙江鄞州一名40岁杨姓男子，10年前曾进入一家专门从事扬声器研发、生产的企业，任总经理一职，杨某在该公司工作了3年后离职，另起炉灶与他人合作开办了新公司。后来，杨某又以自己及亲戚的名义陆续开办了两家公司，同样都从事扬声器生产与销售，并且与老东家的产品形成竞争关系。

　　老东家很快就发现了这一情况，怀疑他构成侵权，并向宁波市工商行政管理局进行了举报。工商部门在调查核实情况后，分别对杨某及其公司给予了行政处罚。但杨某在接受行政处罚后并未收手，而是继续生产、销售侵犯原公司商业秘密的产品，最终导致被抓。鄞州法院不公开开庭审理了此案。

　　鄞州法院认为，杨某违反保密义务，以非法手段获取公司的商业秘密并使用，行为已构成侵犯商业秘密罪，遂判处他有期徒刑3年，并处罚金400万元。

　　一审判决后，杨某不服提起上诉，二审法院维持原判。

第一节　商业秘密的界定

一、商业秘密的概念

　　根据2018年1月1日开始实施的《中华人民共和国反不正当竞争法》第9条的规定，商业秘密（Trade Secrets），是指不为公众所知悉、具有商业价值并经权利人采取相应保密措施的技术信息和经营信息。该条明确规定了商业秘密的构成要件，即秘密性、价值性、保密性，同时也明确了商业秘密的范围，包含技术信息和经营信息，具体而言，包括设计、计算机程序、产品配方、制作工艺和方法、技术诀窍等技术信息，管理决策、客户名单、产销策略、货源情报、财产担保及涉讼纠纷、财务状况、投融资计划、招投标的标的和标书内容等经营信息。《TRIPS协议》第7条"Protection of Undisclosed Information（未披露信息的保护）"实际上主要是指对"商业秘密"的保护。根据TRIPS协议的规定，未披露信息要得到保护必须符合下列条件：

（1）该信息具有秘密性。

（2）该信息具有商业上的价值。

（3）合法控制信息的人已采取了适当的措施保持信息的秘密性。

二、商业秘密的特点

商业秘密和其他知识产权相比，有以下特点：

（1）秘密性。商业秘密的前提是不为公众所知悉，而其他知识产权都是公开的，对专利权甚至有公开到相当程度的要求。

（2）非专有性。商业秘密是一项相对的权利。商业秘密的专有性不是绝对的，不具有排他性。如果其他人以合法方式取得了同一内容的商业秘密，他们就和第一个人有着同样的地位。商业秘密的拥有者既不能阻止在他之前已经开发掌握该信息的人使用、转让该信息，也不能阻止在他之后开发掌握该信息的人使用、转让该信息。

（3）价值性。能使经营者获得利益，获得竞争优势，或具有潜在的商业利益。

商业秘密的保护期不是法定的，取决于权利人的保密措施和其他人对此项秘密的公开。

三、商业秘密的构成要件

1. 不为公众所知悉（秘密性）

秘密性是商业秘密的核心特征，也是认定商业秘密的难点和争议的焦点。法律规定的"不为公众所知悉"即指商业秘密的秘密性，是指权利人所主张的商业秘密未进入"公有领域",非"公知信息"或"公知技术"。秘密性是商业秘密与专利技术、公知技术相区别的最显著特征,也是商业秘密维系其经济价值和法律保护的前提条件。一项为公众所知、可以轻易取得的信息,无法借此享有优势,法律亦无须给予保护;一项已经公开的秘密,会使其拥有人失去在竞争中的优势,同样也就不再需要法律保护。国家工商行政管理局《关于禁止侵犯商业秘密行为的若干规定》第 2 条对秘密性进行了限定:本规定所称不为公众所知悉,是指该信息是不能从公开渠道直接获取的。

2. 能为权利人带来经济利益(价值性)

能为权利人带来经济利益指的是商业秘密的价值性,是法律保护商业秘密的目的。

首先,商业秘密能给权利人带来的经济利益往往体现为因竞争优势所带来的经济利益。

其次,该经济利益不但包括应用商业秘密已带来的经济利益,而且也包括虽未应用但一旦应用必然取得的良好成果。商业秘密的价值性包括"现实的或者潜在的经济利益或者竞争优势",不以现实的价值为限。

能够为权利人带来经济利益,这正是商业秘密的可受保护的财产利益。对经济利益的追求是权利人取得商业秘密并努力维护所享有的商业秘密权的内在动力。商业秘密的权利人在开发研究商业秘密的过程中,已有明确的工业化或商业化目标,这无疑是出于谋求经济利益的考虑。从商业秘密的实施利用结果来看,权利人因使用了自己所掌握的技术秘密或商务信息而取得在市场竞争中的优势地位。例如在技术上,含有技术秘密的新产品、新材料、新工艺使其在同类产品中拥有性能稳定、质量可靠的特点,或者能够降低产品成本、节约原材料;在商务方面,经营信息的持有和运用能够拓宽商品销路或提高商品销售价格;在经营管理上,商业秘密的运用能够提高劳动生产率,开源节流,促进生产要素的优化组合,等等。商业秘密持有人可以从上述几个方面使自己在竞争中处于更有利的地位,创造更多的利润。

而合法持有人以外的他人也有可能以这些信息的使用谋取非法利益，保护商业秘密的意义就是禁止他人从这些信息中取得不正当的经济利益。

3. 采取了保密措施（保密性）

商业秘密的保密性是指商业秘密经权利人采取了一定的保密措施，从而使一般人不易从公开渠道直接获取，该要件强调的是权利人的保密行为，而不是保密结果。之所以有此规定，是因为法律鼓励为权利而斗争者，不应保护权利上之睡眠者。保密性的客观存在，使竞争对手在正常情况下通过公开渠道难以直接获悉该信息。

第一，不采取保密措施，商业秘密不受保护。

如果权利人对一项信息没有采取保护措施，对该项信息采取放任其公开的态度，则说明他自己就不认为这是一项商业秘密，或者其并不要求保护。

第二，保密措施的法律规定。

秘密性的判断应当以合理性为标准，要求权利人采取万无一失的保密措施是不切实际的，即要求持有信息的人采取措施并合理执行，而不要求措施的万无一失。因此，对权利人来说，只要采取了合理的、适当的保密措施，使商业秘密在合法的条件下不至于被泄露，就应当认为具有秘密性。

对此，法律的规定也非常宽容。《若干规定》第2条第4款规定："本规定所称权利人采取保密措施，包括订立保密协议，建立保密制度及采取其他合理的保密措施"。

根据司法实践，权利人只要采取了下列措施之一，即可认为采取了保密措施：

（1）建立了保密规章制度。

（2）与相对人或职工签订了保密协议或提出了保密要求。

（3）涉及商业秘密的特殊领域采取了适当的管理或警戒措施。

（4）其他为防止泄密而采取的具有针对性及合理性的保密措施。

四、技术秘密的权利人

根据我国法律规定,商业秘密的权利人包括商业秘密所有人和经商业秘密所有人许可的商业秘密使用人。当商业秘密遭到侵犯的时候,所有人和使用人都有权要求侵害人停止侵害并承担法律责任。

这里我们主要介绍技术秘密的归属问题,因为经营秘密的归属问题通常是容易确定的,而技术秘密的归属确定情况比较复杂。此处主要讲雇佣关系、委托开发关系和合作开发关系下技术秘密的归属问题。

(一)雇佣关系下技术秘密的归属

雇佣关系下技术秘密的归属分两种情况,即职务技术成果的归属和非职务技术成果的归属。

1. 职务技术成果的归属

根据《合同法》第 326 条,职务技术成果属于单位所有,由单位拥有并行使技术成果的使用权、转让权。所谓职务技术成果,是指执行单位工作任务,或利用本单位的物质技术条件所完成的技术成果。

2. 非职务技术成果的归属

如果技术成果与职工的工作任务和责任范围没有直接关系,而且不是利用本单位的物质技术条件完成的,就属于非职务技术成果。非职务技术成果属于职工个人,其使用权、转让权由完成技术成果的个人拥有和行使。

(二)委托开发关系下技术秘密的归属

《合同法》规定,委托开发关系下技术秘密的归属由当事人自行约定,就是说,当事人可以约定委托关系下完成的技术成果属于委托人,也可约定属于被委托人。如果没有约定或约定不明的,委托人和被委托人都有使用和转让的权利,也就是说,由当事人共同拥有。但是,被委托人在向委托人交付研究成果之前,不得转让给第三人。另外,除当事人另有约定以外,委托开发中完成的技术成果的专利申请权属于被委托人。

（三）合作开发关系下技术秘密的归属

合作开发关系下技术秘密的归属由当事人自行约定，也就是说，当事人可以约定合作开发关系下完成的技术成果属于参加合作的任何一方或几方。如果没有约定或约定不明的，归全体合作人共同拥有，共同行使使用权、转让权和专利申请权。

五、技术秘密存在的原因

技术秘密的英文名称叫"Know-how"，意为"知道做某事的技巧"，但最常用的名称是"专有技术"，最初是人们对中世纪作坊中师傅向徒弟传授的技艺的统称。所谓专有技术，是指在实践中已使用过的、没有专门的法律保护的、具有秘密性质的技术知识、经验和技巧。专有技术是无形的知识，但其往往通过一定的有形物质载体表现出来。专有技术的表现形式，既可以是有形的，如图纸、配方、公式、操作指南、技术记录、实验报告等；也可以是无形的，如技术人员所掌握的、不形成书面的各种经验、知识和技巧。无论哪一种形式体现的专有技术，其内容一般都是秘密的，而且对生产具有一定的实用价值。

（1）技术发明人在申请专利时故意隐瞒关键技术内容。《专利法》规定，专利申请经初步审查后将被公开。技术发明人担心专利申请公开后会失去对技术发明的控制，故意隐瞒了技术发明的关键技术内容，这部分隐瞒的关键技术内容就成了专有技术。

（2）专利申请被批准后，专利权人在实施专利技术及使其商业化过程中，继续研究获得的技术内容。从专利申请被批准到专利权人实施专利技术及使其商业化，往往有转化和商业化的过程，在这个过程中，专利权人仍需继续对专利技术进行研究，才能达到产业化的要求。由此又积累了大量的知识和经验，其中部分知识和经验就形成了专有技术。

（3）技术发明人为了长期占有技术发明，获得长期垄断利益；或者技术发明人估计其他人不能轻易做出与之相同或类似的技术发明时，采取保密措施将自己的发明保护起来，不去申请专利，以达到长期占有技术发明并获得垄断利益的目的。例如，可口可乐配方从研制出来至今保密一百多年，仍未被他人所完全知悉。

（4）中、小企业拥有大量专业技术知识，其中有些不够申请专利的条件；或其所有者无力承担昂贵的专利维持费用，致使这部分专业技术知识也成为专有技术。

第二节　商业秘密的法律保护

一、商业秘密在国内的法律保护

在我国，商业秘密的保护主要以《反不正当竞争法》为主，涉及《合同法》《刑法》《劳动法》《民法》等，构成了一个相对完整的法律体系。[1]

1.《反不正当竞争法》保护

《反不正当竞争法》是保护商业秘密的核心法律，它对商业秘密的保护做出了直接的规定。该法除第9条对商业秘密进行了明确的界定外，还有其他条款对商业秘密的构成要件、侵权种类以及相应的行政处罚方式等进行了明文规定。为了进一步实施《反不正当竞争法》，加强对商业秘密的保护，1995年由国家工商总局制定了《关于禁止侵犯商业秘密行为的若干规定》，该规定使商业秘密的侵权范围得到了进一步扩大，有关商业秘密侵权的认定依据和处罚程序也有了更加详细的规定。

根据《反不正当竞争法》第9条的规定，下列行为属于侵犯他人商业秘密的不正当竞争行为：

（1）以盗窃、贿赂、欺诈、胁迫或者其他不正当手段获取权利人的商业秘密。

（2）披露、使用或者允许他人使用以前项手段获取的权利人的商业秘密。

---

[1] 刘介明，杨祝顺. 我国商业秘密保护的法律现状及完善建议［J］. 知识产权，2012（12）.

（3）违反约定或者违反权利人有关保守商业秘密的要求，披露、使用或者允许他人使用其所掌握的商业秘密。

第三人明知或者应知商业秘密权利人的员工、前员工或者其他单位、个人实施前款所列违法行为，仍获取、披露、使用或者允许他人使用该商业秘密的，视为侵犯商业秘密。

根据《反不正当竞争法》和国家工商局《关于禁止侵犯商业秘密行为的若干规定》的规定，对侵犯商业秘密的不正当行为，工商行政管理机关应当责令停止违法行为，处10万元以上50万元以下的罚款；情节严重的，处50万元以上300万元以下的罚款。并可对侵权物品做如下处理：

（1）责令并监督侵权人将载有商业秘密的图纸、软件及其他有关资料返还权利人。

（2）监督侵权人销毁使用权利人商业秘密生产的、流入市场将会造成商业秘密公开的产品。但权利人同意以收购、销售等其他处理方式的除外。

2.《合同法》保护

《合同法》第43条规定了当事人在订立、履行合同过程中保守商业秘密的义务以及应当承担的法律责任。《合同法》分则部分对承揽合同、技术开发合同、技术转让合同所涉及的保密义务亦做了相应的规定，对违反合同规定的保密义务的，合同法规定应当承担违约责任或侵权责任。

3.《刑法》保护

《刑法》第219条中规定了侵犯商业秘密罪，即实施侵犯商业秘密的行为，给商业秘密权利人造成重大损失的，处3年以下有期徒刑或者拘役，并处或单处罚金；造成特别严重后果的，处3年以上7年以下有期徒刑，并处罚金。这从刑法的角度对商业秘密进行了保护。

4.《劳动法》保护

《劳动法》第22条、《劳动合同法》第23、第24条规定了劳动者对用人单位的商业秘密负有保密义务，同时规定了用人单位对员工享有竞业禁止的权利。另外，对侵犯商业秘密的救济措施也进行了具体规定，包括支付违约金、停止侵害、继续履行、赔偿损失和解除合同等。这些规定进一步扩大了商业秘密的保护领域，提高了商业秘密保护的可操作性。

5.《民法》保护

民法在国家法律体系中的地位仅次于宪法。民法是市场经济的基本法、市民生活的基本行为准则、法官裁判民商事案件的基本依据。1997年1月1日开始实施的《民法通则》虽然没有明确的有关商业秘密保护的相关规定，但在第118条中规定：公民、法人的著作权（版权）、专利权、商标专用权、发现权、发明权和其他科技成果权受到剽窃、篡改、假冒等侵害的，有权要求停止侵害，消除影响，赔偿损失，商业秘密应当包含在"其他科技成果"之中。按照民法理论，商业秘密属于知识产权的范畴，知识产权属于民法保护的客体，商业秘密的保护理应适用民法的相关规定。在司法实践中，法院也确实运用了《民法通则》中的有关规定和原理，来认定商业秘密的侵权行为与责任形式。2017年10月1日开始实施的《中华人民共和国民法总则》第123条第1款明确规定：民事主体依法享有知识产权；第2款规定了知识产权人享有专有权的客体，其中就包括"（五）商业秘密"。《民法总则》所规定的知识产权客体的范围符合中国加入的《TRIPS协议》的要求，也和中国当前的经济和技术发展程度相适应。

二、商业秘密在两大法系的法律保护

在英美法系国家，商业秘密很早就受到了法律的保护，商业秘密在这些国家主要通过判例法的形式来予以保护，后来随着两大法系的不断融合，到20世纪，这些国家开始通过制定成文法的方式来加强对商业秘密的保护。如美国先后制定了《侵权行为法第一次重述》《统一商业秘密法》《美国经济间谍法》来构建其商业秘密的法律保护制度。受美国影响，英国和加拿大相继于1982年和1987年提出了《保护秘密权利法草案》和《加拿大统一商业秘密法草案》。

相对于英美法系国家，大陆法系国家的商业秘密法律保护制度起步较晚，且相对滞后。大陆法系国家在借鉴英美法系国家有关商业秘密保护法律制度的基础上,基于维护市场竞争秩序的目的,经过长时间的发展,形成了以反不正当竞争法为核心来保护商业秘密的法律制度体系。如德国主要通过以《反不正当竞争法》为中心,以《民法》《合同法》《刑法》等相关法律为辅助的法律体系来保护商业秘密。日本主要依据《不正当竞争防止法》《刑法》来构建商业秘密的法律保护制度体系。韩国也将商业秘密纳入不正当竞争法的轨道予以保护。但也有些大陆法系国家和地区开始突破以《反不正当竞争法》为主的法律保护模式,采取商业秘密单行法模式进行保护。例如,我国台湾地区对商业秘密主要采取《营业秘密法》进行专门保护。❶

三、商业秘密的国际立法保护

商业秘密的国际立法保护最早可以追溯到1883年的《保护工业产权巴黎公约》。虽然该公约没有单独提及商业秘密的概念,但《巴黎公约》1967年文本却成为以后几个国际公约关于商业秘密保护的基准性法案❷。1961年国际商会制定了《有关保护Know-how的标准条款》,联合国也于1974年制定了《联合国国际技术转让行动守则草案》,这些公约都对商业秘密的保护有所涉及,但直到TRIPS协议的出现才真正开启了商业秘密国际保护的先河。

TRIPS协议明确将商业秘密划入知识产权的保护范围,确立了商业秘密的知识产权属性,将其作为未披露信息(undisclosed informations)加以保护。其规定,具有商业价值的信息只要经合法控制人采取相关措施,保持其一定程度的秘密性,该信息都可以作为商业秘密加以保护。随着TRIPS协议的生效,世界知识产权组织国际局也在《反不正当竞争示范法》中规定了商业秘密的保护。因而形成了以

---

❶ 我国台湾地区《营业秘密法》是大陆法系中第一个以成文法形式来调整商业秘密法律关系的规范性文件,它的颁布使我国台湾地区商业秘密保护的水平取得了很大的进步,对其产业界、理论界都产生了积极的影响。

❷ 许华兰. 商业秘密国际法律保护的比较研究[J]. 法制与社会, 2007 (5).

TRIPS 协议为核心的商业秘密国际法律保护体系❶。

课程项目

可口可乐的配方和云南白药的配方都是商业秘密。分组搜索查找国内外知名商业秘密的历史渊源,然后探讨该秘密所属行业特点、保护方法、保护期限,总结不同行业领域商业秘密的保护特点,给相关企业提供借鉴。

---

❶ 刘介明,杨祝顺. 我国商业秘密保护的法律现状及完善建议 [J]. 知识产权,2012(12).

第十六章 知识产权国际保护

开篇案例：美国 337 调查案件[1]

2018 年 12 月 19 日，美国 Tela Innovations 公司依据美国《1930 年关税法》第 337 节规定向美国国际贸易委员会（United States International Trade Commission，USITC）提出申请，指控对美出口、在美进口或在美销售的特定集成电路及包括该集成电路的产品侵犯其专利权，请求 ITC 发起 337 调查并发布有限排除令和禁止令。中国联想集团有限公司涉案。

337 调查，是指 USITC 根据美国《1930 年关税法》（Tariff Act of 1930）第 337 节（简称"337 条款"）及相关修正案进行的调查，禁止的是一切不公平竞争行为或向美国出口产品中的任何不公平贸易行为。

337 调查的对象为美国进口产品侵犯美国知识产权的行为以及进口贸易中的其他不公平竞争。中国已经成为美国 337 调查的最大受害国，在已判决的相关案件中，中国企业的败诉率高达 60%，远高于世界平均值 26%。

思考与讨论：思考美国 337 调查对涉案企业的危害与影响。如何应对 337 调查？

---

[1] 资料来源：新浪财经，"美国企业对集成电路产品提起 337 调查申请"，https://finance.sina.com.cn/roll/2018-12-21/doc-ihqhqcir9023990.shtml。

第一节 保护知识产权的国际公约

由于知识产权地域性的特点，实现有效保护知识产权的愿望，单靠一个国家的国内法律是不行的，国家之间需要以签订国际公约或条约的方式来达到这一目的。早在 100 多年前，世界各国就开始制定保护知识产权的国际公约。根据 WIPO 官网的统计数据，WIPO 目前管辖着 26 个与知识产权有关的国际公约，而保护知识产权最重要的公约 TRIPS 协议却是在 WTO 的管辖之内。

一、《建立世界知识产权组织公约》

1967 年《保护工业产权巴黎公约》和《保护文学艺术作品伯尔尼公约》缔约方对这两个公约进行修订，同时签订了《建立世界知识产权组织公约》（Convention establishing the World Intellectual Property Organization），1970 年该公约生效。1974 年，WIPO 成为联合国的专门机构，该组织目前管理着大多数的知识产权国际公约。截至 2017 年 12 月 12 日，成员方共 191 个，中国于 1980 年 6 月 3 日成为该组织的成员。

公约规定了 WIPO 的宗旨：一是通过国家间的合作以及与其他国际组织的协作，促进国际范围内对知识产权的保护；二是保证各种知识产权公约之间的行政合作。为促进知识产权保护，1994 年 WIPO 成立了调解与咨询中心，以解决私人间关于知识产权的纠纷。

二、《保护工业产权巴黎公约》

《保护工业产权巴黎公约》（Paris Convention for the Protection of Industrial Property）简称《巴黎公约》，是当今国际上在工业产权保护方面订立最早的公约，于 1883 年 3 月 20 日在巴黎缔结。该公约于 1985 年 3 月 19 日对中国生效。截至 2017 年 5 月 14 日，共有 177 个国家参加。公约的调整对象包括发明、商标、设计、厂商名称、产地标记、原产地名称以及制止不正当竞争等。该公约成员方成立了"保护工业产权同盟",简称"巴黎同盟",其目的在于保护各国国民在国外的工业产权。从1967年起,巴黎同盟由世界知识产权组织管理。自签订后的100多年来,《巴黎公约》已正式修订了6次,最后一次修订会议是1967年的斯德哥尔摩外交会议。《巴黎公约》斯德哥尔摩文本共30条,从实质性条款中可以看出,该公约未能完全统一各成员方保护工业产权的法律规则,只是制定了一些保护工业产权的基本原则,为成员方国民在成员方间申请工业产权保护提供了方便。

1. 国民待遇原则

此原则是指在保护工业产权方面,一个成员方对其他成员方国民应给予同本国国民相同的待遇。国民待遇并不意味着对等的保护,而只能按接受专利申请国家的国内法执行。国民待遇原则是促进专利技术国际化的基础,一直为《巴黎公约》各成员方所信守。

2. 优先权原则

此原则是指在成员方一国境内申请专利的人,如在其他成员方境内提出同样申请时,享有一定期限的优先权。优先权的期限,对发明专利是12个月,对外观设计是6个月。也就是说,在第一次提出专利申请后的优先权期限内的任何日期,在另一成员方境内申请同一专利,其申请时间可追溯到第一次申请专利的日期。需要注意的是,为了取得优先权,申请人必须在第二次申请专利时正式提出优先权请求。

3. 工业产权独立原则

此原则是指同一发明在不同国家取得的专利权是相互独立的。各成员方都是独立地按自己的国内法决定是否授予工业产权,其他国家是否对同一申请授予工业产权不做考虑。依照各国工业产权独立的原则,各国都只保护根据本国法律所批准授予的工业产权而没有保护外国批准的工业产权的义务,这是由知识产权的地域性所决定的。

三、《专利合作条约》

《专利合作条约》(Patent Cooperation Treaty,PCT)是《巴黎公约》之下的一个专门性国际公约,1970年在华盛顿签订,1978年1

月 24 日生效，由世界知识产权组织国际局管理，总部设在瑞士日内瓦。《专利合作条约》只对《巴黎公约》成员方开放，截至 2017 年 6 月 9 日，共有 152 个国家加入，我国于 1994 年 1 月 1 日正式加入该条约。《专利合作条约》主要规定了专利国际申请制度，简化跨国申请专利的程序，使申请人只需要一次申请就可以在其所选择的成员方生效，避免了跨国专利申请人和各国专利审查机关的重复劳动。我国专利行政主管部门是《专利合作条约》的国际受理局、国际专利检索单位和国际专利初步审查单位。专利国际申请的程序是：

（1）申请人如想在若干成员方申请专利，只需要向受理局（一般是本国专利局）提交一份专利申请，指定所要申请的国家即可，无须向各国逐一提交申请。

（2）申请人可以根据 PCT 国际检索和初步审查单位提供的检索报告和初步审查报告，在国际申请的优先权日起 20 个月或 30 个月内，最后决定是否进入国内审批程序，从而可以节省大量精力和费用。

（3）国际申请进入各国的国内阶段时，各国专利局已收到国际检索报告，有的还有国际初步审查报告，这就大大减少了各国专利局进行检索和审查的工作量，从而可以提高工作效率，避免重复劳动。

四、商标国际注册马德里体系

商标国际注册马德里体系的宗旨是解决商标的国际注册问题。该体系为商标注册人提供了一种仅提交一件申请即可确保其商标在多国受到保护的有效途径。马德里体系受两部条约管辖：1891 年签订的《商标国际注册马德里协定》（Madrid Agreement Concerning the International Registration of Marks）以及 1996 年开始运作的《商标国际注册马德里议定书》（Protocol Relating to the Madrid Agreement Concerning the International Registration of Marks），各国可选择加入《马德里协定》，或加入《马德里协定议定书》，或同时加入该两部条约。截至 2018 年 12 月 25 日，《马德里协定议定书》有 103 个成员；《马德里协定》有 55 个成员（截至 2006 年 6 月 3 日）。我国于 1989 年 10 月 4 日加入《马德里协定》，于 1995 年 12 月 1 日加入《马德里协定议定书》。

马德里体系让商标注册人得以通过使用一种语言提交一件申请，并使用一种货币（瑞士法郎）缴纳一套规费，即可在多个国家获得商标保护，简化了手续，节省了时间和费用。国际注册与申请人在所指定的每一个国家提出的商标注册申请具有同等效力。如果被指定国家的商标局没有在规定期限内驳回保护申请，则该商标所受到的保护如同其在该主管局注册一样。国际注册的保护期是 20 年，而且可以在保护期满后依次续展，每次展期都是 20 年。

《马德里协定》与《马德里协定议定书》的不同之处在于：

（1）国家基础注册不同。一个商标申请国际注册，指定保护的国家是"协定"成员方的，该商标必须是在原属国已经注册的商标，只有这样方可提出国际注册申请。如果指定保护的国家是纯"议定书"成员方时，该商标可以是在原属国已经注册的商标，也可以是被原属国商标局受理但未经初步审定的注册申请。

（2）工作语言不同。"协定"所使用的工作语言仅为法语；"议定书"所使用的工作语言可选择法语或英语。

（3）缴费不同。如果申请国际注册的商标所指定保护的国家是"协定"成员方，该申请只要按照《马德里协定》所规定的统一规费缴费即可。如果该商标指定保护的国家是纯"议定书"成员方，该申请除需缴纳《马德里协定》规定的统一规费外，还需依照各国规定缴纳单独规费。

（4）审查期限不同。"协定"成员方的审查期限为 12 个月，而"议定书"成员方的审查期限可以是 12 个月，也可以是 18 个月。

（5）国家基础注册与商标国际注册的关系不同。在"协定"成员方指定保护的国际注册商标，自国际注册之日起 5 年内，如果该商标在原属国国内注册已全部或部分被撤销、注销，那么，无论国际注册是否已经转让，该国际注册同时被撤销。而在纯"议定书"成员方指定保护的国际注册商标，自国际注册之日起 5 年内，如果该商标在原属国国内的注册已全部或部分被撤销或注销，商标所有人可以在该商标被撤销之日起 3 个月内，向所指定的"议定书"成员方商标主管机关提交一份申请，并按照各成员方的规定缴纳一定的费用，即可将该商标的国际注册转换为在该国家的国家注册。

从以上比较可以看出，《马德里协定议定书》比《马德里协定》的规定更为宽松，更具有灵活性，给"议定书"成员方提供了更多的选择。

五、《为商标注册目的而使用的商品与服务的国际分类协定》

《为商标注册目的而使用的商品与服务的国际分类协定》（Nice Agreement Concerning the International Classification of Goods and Services for the Purposes of the Registration of Marks）因为 1957 年在尼斯签订而被简称为《尼斯协定》，1961 年生效，是关于对商标注册时商品和服务如何分类的协定。截至 2018 年 7 月 12 日，共有 85 个成员方，我国于 1994 年加入该协定。

《尼斯协定》规定了商品和服务的分类方法，这个分类法包括一个分类表和一个按字母顺序排列的商品名称和服务名称表。分类表将商品分成 34 类，服务分成 8 类，每一类下又分许多小项，以便于商标注册申请人指明自己的商标在哪个或哪几个商品或服务上注册。

由于《尼斯协定》为商品提供了一个统一的分类法，不仅便于对现有的商标进行检查，也便于商标所有人对商标的管理，所以许多没有参加协定的国家也适用该协定规定的分类法。

六、《保护文学艺术作品伯尔尼公约》

《保护文学艺术作品伯尔尼公约》（Berne Convention for the Protection of Literary and Artistic Works）1886 年 9 月 9 日于伯尔尼签订，1887 年 12 月 15 日生效。公约缔结后经过 7 次修改，现行有效的是 1971 年的巴黎文本，共 38 条。截至 2018 年 6 月 2 日，共有 176 个国家加入了该公约。我国于 1992 年 7 月 10 日正式加入该公约。公约的内容主要是三个原则和公约对成员方国内立法的最低要求。

公约确立的三项基本原则是：一是国民待遇原则，即无论是成员方还是非成员方作者的作品，首次在某成员方出版均享受成员方给予本国国民的作品相同的保护；任何成员方国民未出版的作品，在其他成员方享有同该国给予其国民未出版作品的同等保护；二是自动保护原则，即一成员方国民的作品无须办理任何手续即可在其他成员方受到保护；三是独立保护原则，即一成员方国民的作品，在另一成员方依该国法律受到保护，不受作品在原所属国保护条件的约束。

公约规定，文学艺术作品无论其表现形式如何均享受保护。公约规定的最低保护限度包括：作者的署名权、保护作品完整权、翻译权、复制权、公演权、朗诵权、改编权、录制权和制片权。一般作品的保护期限为作者在世之年加去世后 50 年。此外，公约对文学艺术作品的各类作品所享有的专有权利做了比较详尽的规定。

第二节　TRIPS 协议

TRIPS 协议是指 WTO 一揽子协议中的《与贸易有关的知识产权协议》（下称《协议》），于 1995 年 1 月 1 日与其他一揽子协议一块生效，WTO 的所有成员方都要接受《协议》的约束。截至 2016 年 7 月 29 日，WTO 现有 164 个成员方；2001 年 12 月 11 日，我国正式成为 WTO 的成员，开始接受《协议》的约束。

一、《协议》的目的与宗旨

《协议》由序言和七个部分共 73 条组成。在序言部分，《协议》开宗明义地说明了其缔结的目的：在于促进知识产权有效和充分的保护，以减少对国际贸易的扭曲和阻力，同时保证知识产权执法的措施与程序不至于变成合法贸易的障碍。

二、《协议》的基本原则

（1）成员应履行《巴黎公约》《伯尔尼公约》《罗马公约》和《关于集成电路的知识产权条约》等所规定的义务。

（2）国民待遇原则。在知识产权保护方面，每个成员给其他成员方民的待遇不应低于它给予本国国民的待遇。

（3）最惠国待遇原则。在《协议》之前，最惠国待遇原则从未出现在知识产权条约中，而《协议》之所以包含这一原则大概是因为它是 GATT 的基本原则之一，是为了保证公平贸易的公平竞争所必需的，故《协议》自然也将这项基本原则纳入其中。在知识产权保护上，某一成员提供其他国国民的任何利益、优惠、特权或豁免，均应立即无条件地适用于全体其他成员方民。但是司法协助协议、《伯尔尼公约》或《罗马公约》所允许的不按国民待遇，而按互惠原则，以及本协议未规定的表演者权、录音制品制作者权及广播组织权等除外。这样，就为知识产权在所有成员方获得前所未有的保护打下基础。

（4）公共健康与公共利益原则。

《协议》第 8 条第 1 款规定：成员可在其国内法律及条例的制定或修订中，采取必要的措施以保护公共的健康与发展，以增加对其社会经济与技术发展至关重要之领域的公益，只要该措施与本协议的规定一致。

（5）对权利合理限制原则。

《协议》第 8 条第 2 款规定：可以采取适当措施防止权力持有人滥用知识产权，防止借助国际技术转让中不合理限制贸易行为或不利影响行为，只要该措施与本协议的规定一致。

三、《协议》的内容

《协议》的主要内容反映在《协议》第二部分知识产权的效力、范围和使用的标准中，主要包括：

1. 版权及邻接权（Copyright and Related Rights）

《协议》首先肯定了《伯尔尼公约》的适用性，给予作者包括出租权在内的更广泛的经济权利。

计算机软件和数据库的保护问题。《协议》明确了计算机软件和数据库的性质、保护的侧重点以及与《伯尔尼公约》的关系。《协议》第 10 条规定，对于计算机程序，无论是源程序还是目标程序，均按《伯尔尼公约》的文学作品给予保护，保护期限不短于授权出版之年起 50 年；数据库和其他材料的汇编，无论是机器可读形式或是其他形式，只要内容的选取或者编排构成智力创作，也将给予保护。

关于出租权的保护，是《协议》著作权部分的另一项重要内容。《协议》第Ⅱ条规定：至少对计算机软件和电影作品，各成员将赋予其作者或者合法继承人，有许可或者禁止向公众商业性出租其版权作品的原件或复制品的权利。

2. 商标（Trademarks）

《协议》给商标下了明确的定义（第 15 条规定：能够使一类商品或者服务同其他各类商品或者服务相区别的任何标记或者标记的组合，均能构成商标），并对注册的条件、授予的权力、保护期限、使用的要求、许可与转让以及与《巴黎公约》的关系做了明确的规定。

商标首次注册保护年限为 7 年，且可无限地续展。商标注册后，如无正当理由而连续 3 年不使用的，该商标权应予以取消。

3. 工业品外观设计（Industrial Designs）

工业品外观设计是一种特殊的工业产权，既可以受专利法保护，也可以受版权法保护。《协议》规定：各成员方可以自行通过外观设计或版权法来履行该项义务。《协议》对工业品外观设计的保护规定是：保护的条件、保护的目的（阻止第三方未经许可，为商业目的进行生产、销售或进口这种标的产品）、保护的例外、保护的期限（10年）。工业品外观设计也是技术贸易的对象之一。

4. 专利（Patents）

关于专利技术保护的客体，《协议》第 27 条规定，专利应当适用于所有领域的任何发明，无论是产品发明还是方法发明，只要其具有新颖性、创造性并可付诸工业应用即可。根据协议规定，除了动植物品种、生物技术工艺等极少数发明外，医药产品、化工产品、食品等都被明确列入专利的保护范围。关于专利权的保护期，《协议》第 33 条规定，不应少于自申请日起 20 年。

关于专利人的权利，《协议》规定，专利权人享有专利的专有权。

任何其他人未经专利权人许可,不得制造、使用、销售或进口其专利产品。专利权人有权转让其专利,或通过许可合同实施其专利。专利权的许可和转让也是技术贸易的重要对象之一。

5. 集成电路布图设计(Layout-Designs(Topographies) of Integrated Circuits)

集成电路布图设计是指多个元件,其中至少有一个有源元件,连同集成电路的全部或者部分连线组成的三维配置。集成电路布图设计与外观设计很相似,是知识产权法保护的内容,一般受版权法保护。但因为集成电路布图设计的工业实用性,WTO成员都根据《协议》以单独法规或国际公约予以保护。

1989年5月26日,世界知识产权组织在美国首都华盛顿召开外交会议,缔结了《关于保护集成电路布图设计知识产权的公约》。《协议》对集成电路布图设计的规定其实质内容与《华盛顿公约》一致,但在以下两个方面提高了保护标准:

第一,保护范围超出集成电路布图设计和由集成电路布图设计构成的集成电路本身,进而延伸到使用集成电路的任何物品,只要是含有非法复制的集成电路布图设计,即为非法。

第二,保护期限从《华盛顿公约》的8年延长到10年,自提交注册申请之日或者在世界任何地方首次投入商业使用之日算起。此外,还允许成员方规定,该保护期为自集成电路布图设计自创作之日起15年后终止。

6. 对未披露信息的保护(Protection of Undisclosed Information)

《协议》要求缔约方对未披露信息实行法律保护。《协议》所称的未披露信息,包括商业秘密和未公开的试验数据。至此,包括专有技术(Know How)在内的商业秘密和未披露的试验数据,在国际公约中正式纳入了知识产权的保护体系之中。另外,对于新型化学物质制造的药品或农用化学品,经过巨大努力取得的未公开的数据或其他数据也予以保护,以防止不正当的商业使用。商业秘密也是技术贸易的对象之一。

7. 对技术许可合同中反竞争行为的控制

《协议》第 40 条规定：对可能对技术贸易产生消极影响的，并阻碍竞争、阻碍技术的转让与传播的反竞争行为应予以控制。《协议》允许缔约方通过国内立法来防止和控制许可合同中的反竞争行为，制止滥用知识产权达到垄断的目的。《协议》列举了这类反竞争活动，包括独占回授条款、禁止对知识产权的有效性提出异议，或者强迫的一揽子许可等限制性商业做法，但没有直接以条约形式禁止这类行为，仅规定一旦发生此类纠纷，有关缔约方应相互合作，共同磋商解决。

四、《协议》的主要特点

《协议》中的世界知识产权保护与原有知识产权保护体系相比，把知识产权的保护提升到一个新高度，主要表现在：

（一）知识产权的整体保护水平得到提高

（1）涉及范围广。知识产权保护的范围扩大了，内容涉及面广，几乎涉及了知识产权的各个领域；根据《协议》第二部分的规定，国际贸易领域内对知识产权提供保护的对象主要是国际知识产权贸易所涉及的标的，以及有形货物国际贸易中涉及的知识产权，包括著作权及其相关权利、商标、地理标记、工业品外观设计、专利、集成电路布图设计和未公开的信息，其中集成电路布图设计和商业秘密在国际性条约中是首次涉及。

（2）保护水平高。在许多方面超过了现有的国际公约对知识产权的保护水平。在保护期方面，延长了知识产权的最短保护期，规定专利的保护期不少于 20 年，包括计算机软件在内的著作权保护期为 50 年，集成电路布图设计的保护期不得少于 10 年。同时在《协议》的第 72 条和保留条款中规定，未经其他成员同意，不能对本协议中的任何条款予以保留，这实际上是一条禁止保留条款，反映出《协议》保护的高标准。《协议》还从注重知识产权人的权利出发，降低了知识产权获得保护的条件，严格了对知识产权进行限制的适用条件等，这些都反映出《协议》对知识产权保护水平的提高。

(二) 完善了知识产权保护的各项机制

《协议》第三部分"知识产权执法"规定了较详细的执法规则，强化了执法程序和保护措施；详尽地规定了成员方的普遍执法义务，包括行政、民事和刑事程序。为了有效地制止侵犯知识产权的货物流入市场，把侵权活动遏止于初发阶段，《协议》还规定了"临时措施"和"海关措施"，以及争端解决机制。将 TRIPS 争端解决纳入 WTO 争端解决机制，将 WTO 中关于有形商品贸易的原则和规定延伸到知识产权的保护领域；保证了 WTO 各成员在知识产权保护方面执法的公正性和国际监督的有效性，使得《协议》国际保护的效力大大提高，这正是《协议》的魅力所在。

(三) 促进了知识产权国际化的进程

此前，虽有众多的国际条约以及统一的国际知识产权组织，但由于其效力有限，各个国家在知识产权的立法方面仍然各自为政，导致各国知识产权保护程度不一、标准各异，这必然会大大妨碍世界范围的知识产权保护。《协议》由于与国际贸易连为一体，促使各国纷纷以有关的国际知识产权公约的规定为标准，建立或完善本国的知识产权制度，以达到国际知识产权保护的最低要求。所以，《协议》在客观上促进了世界各国知识产权保护范围、标准、措施诸方面的统一，促进了国际知识产权保护。

(四) 可以限制超级大国在知识产权保护方面的为所欲为

美国是世界上知识产权超级大国，为了保护其知识产权，在其贸易法中制定了"特别 301 条款"，对拒绝为其知识产权提供充分有效保护的国家采取单方面惩罚性贸易制裁。欧共体也于 1984 年制定了 264/84 指令，内容和方式与美国类似。曾经遭受过美国"特别 301 条款"制裁的国家和地区有新加坡、韩国、泰国、中国和我国台湾地区等。《协议》出现后，便有了统一的国际规则，在很大程度上抑制了各国利用知识产权作为保护主义的手段，特别是在一定程度上限制了美国动辄利用"特别 301 条款"报复别国的可能性，美国只有经过

WTO 解决争端的程序以后，如果是胜诉方，它才可以动用"特别 301 条款"。这就维护了国际知识产权保护的统一性。

第三节　发达国家知识产权的保护

由于知识产权是当代国际竞争的关键因素，所以世界各国都格外重视对知识产权的保护。知识产权制度起源于西方发达国家，这些国家也得益于知识产权使本国的经济和技术能快速发展起来。西方各国都有很强的知识产权保护意识，建立了较为健全的知识产权保护体系。

美国是发达国家的代表，美国的知识产权保护制度助推美国经济腾飞。美国重视对知识产权的保护，并不断加强知识产权的制度创新与法律保护，并在知识产权管理体制下实现技术创新与成果转化。美国知识产权法律制度由其立法体系和法律保护体系两方面构成。立法体系主要是权利方面的法律制度，具体确定法定权利的范围，主要以制定法为渊源。法律保护体系主要是救济方面的知识产权制度，具体保障权利的实施，主要以判例法为渊源。美国知识产权法律制度是以联邦立法为主体、联邦法院为中心的立法与司法体制的融合体。[1]

一、美国知识产权的立法体系

美国知识产权法律制度诞生于 1790 年，迄今已有 200 多年的历史。美国联邦政府和各州都有知识产权立法权，但以联邦的制定法为主。美国成文的专利法与版权法均属于联邦立法，而商标法则是由州层面的普通法与联邦层面的成文法两大系统构成的。在知识产权立法方面，成文法的比重近年在逐渐加大。判例法是美国法律的重要渊源，有关知识产权的判例有解释和创新知识产权法律的作用。美国成文法与判例法相结合的制度，在知识产权法律制度中得到充分反映。

美国知识产权的法律渊源包括国内法渊源和国际法渊源两方面。国内法渊源由联邦宪法知识产权条款、专利法、商标法、版权法、商

---

[1] 孙南申，等. 美国知识产权法律制度研究[M]. 北京：法律出版社，2012.

业秘密法,以及其他知识产权法律法规组成;国际法渊源则由美国加入的双边和多边知识产权国际条约构成,主要包括《保护工业产权巴黎公约》《保护文学艺术作品伯尔尼公约》《世界版权工业》《专利合作条约》《商标国际注册马德里协定》以及 TRIPS 协议等。

二、美国知识产权的法律保护体系

美国知识产权的法律保护,除了由法院提供的司法保护之外,还有由政府提供的行政保护和贸易与边境保护。在法律渊源上,通过司法机关救济的法律规则主要由判例法组成,而通过行政机关保护的法律规定则由成文法构成。

1. 知识产权司法保护

司法保护包括民事法律保护和刑事法律保护。在民事法律保护中,知识产权持有人可以获得制止侵权和保留证据的临时救济,还可获得制止进一步侵权的永久性禁令、赔偿及其他最终救济。法院主要通过侵权责任的法律规定确定侵权行为,对知识产权进行保护。对于严重侵犯知识产权的行为,美国知识产权立法中还规定了刑事制裁措施,以强化对知识产权的保护。知识产权的刑事规定主要散见于《专利法》《商标法》《版权法》等专门法律,通常适用于特别严重的侵犯知识产权的行为,且必须是故意侵权,如伪造、假冒专利证书等犯罪行为,尤其是对于仿冒食品、药品的行为,规定了严厉的刑事处罚措施。一般情况下,美国联邦地区法院是知识产权侵权案件的初审管辖法院。

2. 知识产权政府管理体制

美国政府对知识产权有一套严格的行政管理体制,由特定的管理机构行使特定的管理职能,对知识产权进行管理。管理机构包括美国专利与商标局、美国版权署、美国贸易代表署等。

(1) 美国专利与商标局(USPTO)。它的主要职能是负责专利和商标的行政管理,包括接受专利和商标的申请,对专利申请的审核、授权以及专利文献的管理。凡与国内或国际"知识产权"事物相关的议题,专利与商标局对总统、商务部长、商务部各局处以及政府其他机关，贡献其专业建议和协助。

（2）美国版权署。美国版权署隶属于国会图书馆，主要职责是执行《版权法》和《半导体芯片保护法》，并就版权的法规和政策为国会、法院和行政部门提供咨询。具体工作内容是进行版权的申请、登记和审核。版权署在对申请登记的作品进行形式审查后，颁发注册证书。

（3）美国贸易代表署（USTR）。USTR 负责知识产权方面的国际贸易谈判和"特别 301 条款"的执行，对推动其他国家加强美国知识产权产品的保护发挥了重要作用。每年根据产业界要求公布"特别 301 条款"名单，确定在保护美国知识产权方面有问题的国家，并有权采取贸易报复措施。

（4）美国国际贸易委员会（ITC）和美国海关。ITC 和美国海关负责对国外知识产权侵权产品的进口和销售进行审查，并采取有效的边境措施。根据美国《关税法》"337 条款"，如果国外企业进口商品侵害了美国知识产权人的利益，受害人可以向 ITC 提出控告。ITC 经过调查核实后，可以发出强制排除令或禁止进口令，由美国海关采取相应措施扣押知识产权侵权产品。

三、美国知识产权的贸易与边境保护

美国对知识产权的保护，在国际贸易环节，主要是通过贸易保护和海关边境保护实现的。前者通过"301 条款"，后者通过"337 条款"的保护进行。"337 条款"的救济主要为贸易进口措施，包括调查、禁令、扣押、没收、罚款和临时措施等制裁措施；"301 条款"的保护可以通过 WTO 体制下的 TRIPS 协议和争端解决机构向他国主张与贸易有关的知识产权保护请求，更主要的是实行单边贸易交叉保护措施。

1. "301 条款"保护

"301 条款"是美国《1974 年贸易法》第 301 条的俗称，后发展成为广义的"301 条款"指《1988 年综合贸易与竞争法》第 1301～1310 节的内容，包含"一般 301 条款""特别 301 条款"（关于知识产权)、"超级301条款"(关于贸易自由化)。

"301条款"是美国贸易法中有关对外国立法或行政上违反协定、损害美国利益的行为采取单边行动的立法授权条款,其实质是借助贸易关系,使美国国内法得到域外实施。具体来说,"一般301条款"是美国贸易制裁措施的概括性表述,"特别301条款"是针对知识产权保护和知识产权市场准入等方面的规定;"超级301条款"是针对外国贸易障碍和扩大美国对外贸易的规定。

"特别301条款"专门针对那些美国认为对知识产权没有提供充分有效保护的国家和地区。美国贸易代表办公室(USTR)每年发布"特别301评估报告",全面评价与美国有贸易关系的国家的知识产权保护情况,并视其存在问题的程度,分别列入"重点国家""重点观察国家""一般观察国家"。对于被美国贸易代表办公室列入"重点国家"的,公告后30天内对其展开6~9个月的调查并进行谈判,迫使该国采取相应措施检讨和修正其政策,否则美国将采取贸易报复措施予以制裁,即可能实施进口限额、增加进口关税,或取消贸易最惠国待遇。

20世纪90年代,美国曾三次利用"特别301条款"对中国知识产权实施"特别301调查",最终通过谈判达成了三个知识产权协议。

2. "337条款"保护

"337条款"因其最早见于《1930年美国关税法》第337条而得名。美国"337条款"禁止的是一切不公平竞争行为或向美国出口产品中的任何不公平贸易行为。该条款明确授权美国国际贸易委员会(ITC)在美国企业起诉的前提下,对进口中的不公平贸易做法进行调查和裁处。若判定违反了"337条款",ITC将签发排除令,指示美国海关禁止该种产品的进口,结果是特定企业的相关产品乃至全行业的相关产品都无法进入美国市场。"337条款"的立法目的在于防止美国产业因进口产品的不公平竞争而遭受损害,特别是在知识产权方面。

"337条款"的主要内容是:"如果任何进口行为存在不公平竞争方法或者不公平做法(主要指侵犯美国版权、专利权、商标权和实用新型设计方案等知识产权),可能对美国产业造成抑制,ITC可以应美国国内企业的申请进行调查。""337条款"将美国进口中的不正当贸易分为两类：一般不正当贸易和有关知识产权的不正当贸易。

（1）一般不正当贸易，是指所有人、进口商或承销商将产品进口到美国，或进口后销售过程中的不正当竞争方法和不正当行为。但其构成非法须满足两个条件：一是美国存在相关行业或该行业正在建立过程中；二是其损害达到了一定程度。

（2）有关知识产权的不正当贸易，是指所有人、进口商或承销商向美国进口，为进口而买卖或进口后在美国销售属于侵犯了美国法律保护的版权、专利权、商标权、集成电路布图设计权的产品的行为。只要美国存在与该产业相关的行业或正在建立该行业，有关知识产权的不正当贸易做法即构成非法，而不以对美国产业造成损害为要件。

美国"337条款"调查可以由厂商向ITC提起，也可以由ITC自行发动。如果ITC经调查认定进口产品侵犯了美国的知识产权，ITC有权采取救济措施：

（1）有限排除令，即禁止申请书中被列名的外国侵权企业的侵权产品进入美国市场。

（2）普遍排除令，即不分来源地禁止所有同类侵权产品进入美国市场。

（3）停止令：要求侵权企业停止侵权行为，包括停止侵权产品在美国市场上的销售、库存、宣传、广告等行为。任何违反停止令的企业将会被处以每天十万美元的罚款，或等同所涉商品当日销售额两倍的罚款，两者中取高者。

（4）没收令：如果ITC曾就某一产品发布过排除令，而有关企业试图再次将其出口到美国市场，则ITC可发布没收令。根据该没收令，美国海关可以没收所有试图出口到美国的侵权产品。

救济措施没有确定的有效期，除非ITC认为侵权情形已不存在，否则排除令和停止令可在涉案知识产权有效期内一直执行。

从"337条款"实践来看，绝大多数案件都涉及知识产权而非一般的不公平贸易行为。相关数据显示，自入世以来，我国已连续多年成为遭受美国"337调查"最多、涉案金额最高的国家。值得注意是，近年来美国对华"337调查"呈现增多趋势。有专家指出，知识产权已成为一种常见的非关税贸易壁垒。随着中国企业"走出去"步伐加快，不排除越来越多的美国企业开始利用"337条款"对输入美国的产品提起侵权调查，以期达到保护美国产品和企业的目的。❶

第四节 我国知识产权的保护

发展中国家和地区知识产权保护制度建立较晚，其对知识产权保护的力度与本国经济和技术发展程度有很大关系。一个国家和地区的知识产权保护水平应该与该国或该地区的经济发展水平相适应，不能盲目超越本国社会经济的发展阶段。

一、我国的知识产权保护状况

我国的知识产权保护状况包括知识产权立法状况、参加知识产权国际公约状况、执法状况以及有关知识产权的教育状况。

（一）我国的知识产权保护立法状况

我国知识产权立法起步较晚，但发展迅速，现已建立起符合国际先进标准的法律体系。我国现有的知识产权保护法律体系包括法律、行政法规和部门规章三大类。

（1）知识产权法律，如《著作权法》《专利法》《商标法》等。

（2）知识产权行政法规，主要有《著作权法实施条例》《计算机软件保护条例》《专利法实施细则》《商标法实施条例》《知识产权海关保护条例》《植物新品种保护条例》《集成电路布图设计保护条例》《信息网络传播权保护条例》等。

（3）知识产权部门规章，如国家工商行政管理局《关于禁止侵犯商业秘密行为的若干规定》。

我国在建立健全知识产权法律体系的同时，还在不断对国内知识

---

❶ 中国商务新闻网. 频遭"337调查"中企如何应对？[EB/OL]. (2016-05-19). http：//trb.mofcom.gov.cn/article/zuixindt/201605/20160501321844.shtml.

产权法律进行修订和完善，逐步扩大知识产权的保护范围，增强了对权利人的保护力度和司法审查的有关内容。这其中就包括外界普遍关注的"建立健全知识产权惩罚性赔偿制度"。全国人大常委会最新审议通过的《商标法修正案》和《专利法修正案（草案）》对侵权行为都规定了 1~5 倍的惩罚性赔偿，并将法定赔偿额上限提高到 500 万元。

（二）我国参加知识产权保护国际公约状况

我国在制订国内知识产权法律法规的同时，积极加强与世界各国在知识产权领域的交往与合作，加入了十多项知识产权保护的国际公约。

自 1980 年开始，我国先后加入了《保护工业产权巴黎公约》《保护文学和艺术作品伯尔尼公约》《世界版权公约》《商标国际注册马德里协定》《专利合作条约》和《TRIPS 协议》等。其中，世界贸易组织中的 TRIPS 协议被认为是当前世界范围内知识产权保护领域中涉及面广、保护水平高、保护力度大、制约力强的国际公约，对我国有关知识产权法律的修订起了重要作用。

（三）我国的知识产权执法状况

我国知识产权执法保护是行政保护和司法保护并行的"二元制"模式，这也是中国特色的知识产权执法。行政手段保护知识产权是我国知识产权执法的一个重要特点。如根据《专利法》的规定，国务院有关主管部门或地方人民政府可以设立专利管理机关。为实施《著作权法》，我国专门成立了国家版权局，各省、自治区、直辖市和较大的城市也都建立了版权行政管理部门。所以，知识产权权利人可以通过行政途径保护其知识产权。对于侵犯知识产权的行为，权利人可以向行政主管机关申诉，行政机关也可以依照职权主动进行查处。由于行政执法在打击侵权方面速度快、费用低，受到知识产权权利人的欢迎。

在司法保护方面，不断健全知识产权专门化审判体系——在发展完善既有的 3 家知识产权法院、18 家知识产权法庭的基础上，稳步推进建立国家层面知识产权案件上诉审理机制的相关改革。2019 年 1 月

1 日挂牌成立的最高人民法院知识产权法庭，统一审理全国范围内专利等专业技术性较强的知识产权上诉案件，将从机制上根本解决统一和规范裁判尺度等问题，进一步激励和保护科技创新，营造良好营商环境。与此同时，我国不断加大对侵犯知识产权犯罪的打击力度。2019 年上半年，全国地方人民法院审结知识产权民事一审案件 15 万余件，同比上升约 80%；审结侵犯知识产权罪一审案件 2000 余件，同比上升约 23%。

（四）我国的知识产权教育状况

改革开放 40 年来，我国的知识产权宣传和教育取得了卓越成就。我国将世界知识产权日（4 月 26 日）所在周命名为"知识产权宣传周"，开展全民普法教育，组织知识产权法律教育进校园、进企业，公民的知识产权保护意识在逐渐加强，侵权盗版现象逐年减少，企业和个人的知识产权自觉维权意识也在不断加强。而且，企业在研发投入创造自主知识产权方面加大投资，我国正在逐步从知识产权大国走向知识产权强国行列。

二、我国知识产权保护的成果

我国政府高度重视知识产权的保护工作。2008 年我国颁布实施《国家知识产权战略纲要》，知识产权战略从此上升到国家战略进行统筹推进。2018 年完成《国家知识产权战略纲要》实施十年评估和《"十三五"国家知识产权保护和运用规划》中期评估；2018 年重新组建国家知识产权局，实现专利、商标、原产地地理标志集中统一管理。版权工作由中央宣传部统一管理。知识产权审查质量和审查效率持续提升，商标注册平均审查周期缩短至 6 个月，高价值专利审查周期压减 10%。成立最高人民法院知识产权法庭，持续优化审判资源配置。国家知识产权局一方面不断优化完善高质量发展政策体系，印发了《推动知识产权高质量发展工作指引（2019）》等政策文件，严把知识产权审查授权关，引导实现知识产权创造与创新能力、产业发展水平相适应相协调，体现了高质量发展的思路；另一方面，持续强化知识产权领域综合监管，积极推动知识产权领域的健康可持续发展。

根据中国国家知识产权局的统计数据，截至2018年年底，中国国内（不含港澳台）发明专利拥有量共计160.2万件，每万人口发明专利拥有量达11.5件，PCT国际专利申请受理量5.5万件，同比增长9.0%。国内有效商标注册量达到1804.9万件，同比增长32.8%。马德里商标国际注册申请量6594件，同比增长37.1%。累计批准地理标志产品2380个，注册地理标志商标4867件。共授予农业植物新品种1990件、林业植物新品种405件，同比分别增长34%、153.1%。作品、计算机软件著作权登记量分别达235万件、110万件，同比分别增长17.48%、48.22%。据世界知识产权组织发布的《2018年全球创新指数报告》，我国排名升至全球第17位，成为唯一进入前20强的中等收入经济体。❶

2019年的全球创新指数（GII）报告显示，我国的全球创新指数排名继续提升，从2018年的第17位上升至第14位，我国成为中等收入经济体中唯一进入全球创新指数排名前30名的国家。世界知识产权组织总干事弗朗西斯·高锐表示，中国建立了"一流的知识产权基础体系"。❷目前，我国知识产权由数量增长转为结构优化、质量提高的更高阶段。据国家知识产权局公布的数据显示，截至2019年6月底，国内（不含港澳台）发明专利拥有量为174.0万件，每万人口发明专利拥有量达到12.5件。较2018年年底增加1.0件，提前完成"十三五"规划确定的12件目标。在上半年国内发明专利申请中，职务发明所占比重达到91.2%，较2018年同期提高5.7个百分点；个人发明专利申请量同比下降46.0%，所占比重持续走低，显示出我国国内发明专利申请结构正在不断优化。

我国在知识产权运用方面成效日益显著，有力支撑了经济的发展。2019年上半年，全国专利和商标新增质押融资金额为583.5亿

---

❶ 数据来源：2018年中国知识产权发展状况新闻发布会，http://www.sipo.gov.cn/zscqgz/1138755.htm.

❷ 潘旭涛，谭贵岩，李玥晴.保护知识产权，中国赢得赞誉［N］.人民日报海外版，2019-7-31（05）.

元，同比增长 2.5%，质押项目数为 3086 项，同比增长 21.6%。其中，专利质押融资金额为 404 亿元，质押项目 2709 项，涉及专利 1.3 万件。知识产权保护为经济发展注入了新的活力。

课程项目

分组查找、搜集整理我国知识产权保护的具体数据，总结其特点。包括：

1. 专利年申请量、授权数量、发明专利数量，还有专利国际申请数量（PCT）、申请排名前 10 的公司（包括国际和国内）。

2. 商标年申请量、授权数量，还有商标国际申请数量（马德里体系）、申请排名前 10 的公司（包括国际和国内）。

参考文献

［1］郑成思．知识产权法［M］．2 版．北京：法律出版社，2004．

［2］吴汉东．知识产权法［M］．5 版．北京：法律出版社，2014．

［3］刘春田．知识产权法［M］．5 版．北京：人民大学出版社，2014．

［4］张平．知识产权法［M］．北京：北京大学出版社，2015．

［5］李明德．知识产权法［M］．2 版．北京：法律出版社，2014．

［6］朱榄叶．知识产权与国际保护［M］．上海：上海译文出版社，1996．

［7］兰德斯，波斯纳．知识产权法的经济结构［M］．金海军，译．北京：北京大学出版社，2016．

［8］孙南申，等．美国知识产权法律制度研究［M］．北京：法律出版社，2012．